Colofon

Titel: 25 & onsuccesvol
Eerste druk
ISBN: 9789090394602
December 2024

© Sharon Eckringa
Vormgeving en lay-out: Sharon Eckringa

Dit is een uitgave van:
Valeria

"Good girl."
Sla me open, laat je verrassen. Gooi me tegen de muur, zet me
in de vriezer.
Zet vouwtjes waar je gebleven bent.
Be-schrijf mijn pagina's.
Maar alsjeblieft, houd me niet perfect

Good girls don't ~~become CEOs~~ live their most authentic lives

Wanneer de maan en de zon van positie veranderen,
wanneer je de connectie met het universum begint te voelen,
wanneer de muren instorten en je funderingen het begeven
en doemscenario's je in het familiaire lijden proberen te
houden,
onthoud dan
dat je *hart* je beste gids terug is naar je*zelf*.

Laat haar de weg maar wijzen, en geef je over aan je innerlijk
kompas.

Daar vind je mij,
daar vind je jou,
daar vind je jouw innerlijke waarheid.

Inhoud

Being successful has never been about the results.
But rather,
It has always been about the journey inwards
and one's determination to never leave that path.

Hoofdstuk 1: getuigenis

♫ These words - Natasha Bedingfield

Aan mijn toekomstige zelf.

Dit boek is een getuigenis van mij, een verleden versie van
jou, aan jou: de versie van mij die nu deze woorden leest. Jup,
ik ben verleden jou.

Mijn naam is Sharon (uitspraak) Eckringa (uitspraak). Het is
op dit moment zo'n 9 maanden na het laatste hoofdstuk van
dit boek.
Ik probeer dit boek al heel erg lang af te maken, maar het is
me nog niet eerder gelukt om de moed op te brengen.
Toen ik begon met schrijven, wilde ik het er allemaal gewoon
uitschrijven.
Gaandeweg ontstond de wens om mijn verhaal te delen met
mijn (gekozen) familie, om vanuit kwetsbaarheid met ze te
delen waar ik allemaal doorheen ben gegaan om te komen
waar ik, jij dus, nu staat.
Vervolgens besefte ik me dat ik een diepe wens voelde om
mijn verhaal te delen met de wereld, om voorbestemde lezers
een verhaal te bieden over een vechter die ervoor koos om de
strijd aan te gaan met zichzelf, en de ring in stapte met haar
innerlijke demonen.

Ondanks bovengenoemde motivatie, lukte het me maar niet
om door een ondertussen 9 maanden lange blokkade heen te
breken. Totdat ik me opeens realiseerde dat als ik dit boek

echt wilde afmaken, ik dat voor niemand anders moest doen dan… voor mezelf.

Ik zou het verhaal liefdevol, romantisch en innemend moeten schrijven, zodat de versie van mij die bestond voor het verhaal in dit boek überhaupt begonnen was, van een boek kan genieten dat makkelijk wegleest maar een schat aan verborgen complexiteit herbergt.

Ik zou het zo open en eerlijk als mogelijk moeten schrijven, zodat mijn innerlijke kind zich gezien, begrepen en vergeven zou voelen.

Ik zou het in lijn met mijn ware stem moeten schrijven, in lijn met mijn ziel. Zodat jij, future me, trots zou zijn op de literaire keuzes die ik vandaag maak.

In dit verhaal heb ik ons de naam 'Valeria' gegeven, een naam die ik associeer met tijdloze elegantie en vrouwelijke kracht. Een naam die van een mysterieuze femme fatale zou kunnen zijn die overdag aan zwaardvechten doet, in de middag kinderen kunsten en vaardigheden bijbrengt en on the side een imperium onderhoudt.

Geniet van het lezen, Sharon. En wees trots op mij, op jezelf, voor dat je overleefd hebt waar je doorheen moest gaan. Wees trots, op hoe je jouw pijn en lijden hebt weten te transmuteren naar iets moois.

Onthoudt: jij bent geen diamant die ontstaan is door de gravitatiekracht van de aarde. Jij bent een supernova: een celestial die dacht dat ze een ster was, maar herboren moest worden na de implosie van haar kern om vervolgens te

exploderen in zoveel meer dan je ooit voor werkelijkheid had
kunnen houden.

Aan mijn lezers.

Lieve lezer,

Dit boek is ook een getuigenis aan jou, lieve lezer.

Het verhaal wat je namelijk gaat lezen, is gebaseerd op
waargebeurde evenementen.
De hoofdstukken zijn aangepast of zelfs in hun volledigheid
verzonnen, maar de essenties van de verhalen zijn waar. In dit
boek heb ik getracht te vangen waar ik doorheen ben gegaan
om te kunnen komen waar ik nu sta: veilig, gelukkig, uitgeput
en geliefd door niet alleen mijn vrienden en familie… maar
ook door mezelf.

Lieve lezer, het is mijn diepste wens dat zij die mij moeten
vinden in dit leven (zij het via mijn werk, zij het door me
persoonlijk te spreken), mij kunnen vinden. Maar voordat je
ervoor kiest om te luisteren naar wat ik te zeggen heb, geef ik
je graag eerst de kans om me te leren kennen.

Ik wil je graag meenemen op mijn pad en je laten zien wat
voor obstakels ik heb moeten overwinnen, de fouten die ik
heb gemaakt en de pijn waar ik me doorheen heb moeten
slaan om mezelf te kunnen vinden.
Ik wil je graag laten lezen over de liefde die ik vond toen ik
dacht dat er alleen nog maar leegte zou zijn.
Om succesvol te worden, moest ik mezelf trotseren. Niemand
is perfect en het leven is absurd, maar ik geloofde er heilig in
dat het minste wat ik kon doen, was om een authentiek leven
te leren leiden. Ik schraapte de moed bij elkaar om in de

spiegel te kijken, en begon een binnenwaartse reis. Een reis
van het afschudden van overtuigingen en denkbeelden die niet
bij mij horen, een reis van mezelf leren kennen en omarmen.
Met dit boek als getuigenis, lieve lezer, wil ik je duidelijk
maken dat ik me niet schaam voor mijn pad. Ongeacht hoe
vies of hobbelig de grond er ook uitziet.

En eerlijk, lieve lezer, hoef jij dat ook niet te doen.

Love you always,

Sharon

Het begin

♫ Scars to your beautiful - Alessia Cara

December, 2022.

"Goedemorgen, Valeria", zei een met warmte gedragen
vrouwenstem.

Ik kuchte zachtjes in de vuist die ik voor mijn mond hield
zodat ik incognito mijn keel even kon schrapen.
"Goedemorgen", zei ik lichtelijk opgelaten terug. De
psycholoog begon met een introductie.
"Mijn naam is…"

Haar stem leek steeds van verder weg te komen. Ik deed mijn
best om het verhaal te volgen, maar het geluid van mijn
suizende oren was erg overstemmend.
Ik was gaan zitten in een vreemde ruimte, helemaal niet het
soort ruimte dat ik me had voorgesteld bij een
psychologiepraktijk. 'Psych4you', is dat niet een rare naam
voor een praktijk? Ik was hier zelf nooit heen gegaan als mijn
huisarts me deze zaak niet had aangeraden.
Eerlijk gezegd had ik niet eens overwogen om naar een
psycholoog te gaan zonder de push die ik kreeg.

"Hoe voel je je?", vroeg ze me terwijl ze me met een
vriendelijke glimlach en geïntegreerde ogen aankeek. Die
vraag trok me weer naar het hier en nu, en ik besefte me dat ik

er haast verwilderd uit zou moeten zien, zo verbaasd dat ik om
me heen zat te kijken.
Ik nam een diepe teug lucht in. "Om heel eerlijk te zijn vind ik
dit best spannend", gaf ik maar gewoon eerlijk toe. Wat heb ik
er ook aan om dat te verbergen?

"Dat is erg begrijpelijk", zei ze geruststellend. Ze volgde
mijn ogen naar de paarse muur waar we beiden naar toe
gedraaid zaten. "Wat vind je van de ruimte?", vroeg ze me
uiteindelijk. Een beetje verbaasd over haar vraag vertelde ik
dat ik het een verrassend mooie ruimte vond. Erg rustgevend,
helemaal niet zo strak en klinisch als ik had verwacht.
"Je bent erg gevoelig, of niet?", vroeg ze me vervolgens. Ik
bestudeerde haar gezicht en hoorde de dubbele laag. In de
manier waarop ze het zei, haalde ik dat het meer een soort
herkenning was, een herkenning tussen twee erg gevoelige
mensen.

"Ja", zei ik met een opgeluchte glimlach. Ik vind het best wel
moeilijk om over mezelf te praten met mensen die niet ook zo
gevoelig zijn.
Ze glimlachte terug. "Goed, je bent hier vandaag met een
reden. Vertel me eens wat meer over jezelf. Wie ben jij?".

Ik sloeg mijn benen over elkaar heen en met een schuchtere
glimlach begon ik mijn verhaal. "Nou, ik ben dus Valeria. Ik
ben 25 jaar oud en ik woon samen met mijn verloofde, James.
Ik ben ondertussen anderhalf jaar afgestudeerd en sindsdien
werk ik als consultant bij een internationaal bedrijf."
"Oke, en hoe bevalt dit werk je tot nu toe?", vroeg ze me.

Ik hoopte dat we deze vraag nog even konden vermijden. Voordat ik hier begon met werken was ik al jaren bezig met nadenken over wat ik wilde doen met mijn carrière. Tijdens mijn studie heb ik van alles gedaan om daarachter te komen, workshops, netwerk evenementen, beurzen… van alles om er maar achter te komen wat me nou ligt. Uiteindelijk kwam ik terecht bij een super ambitieus internationaal bedrijf dat aan meer dan al mijn wensen voldeed. Ik vond het een super coole baan, maar toch voelde ik me er nooit echt thuis.

Ik zuchtte. "Ja, het bevalt me op zich wel prima. Ik verdien best wel lekker, mijn collega's zijn super efficiënt en de secundaire arbeidsvoorwaarden zijn ook niet verkeerd…"
"Alhoewel, ik zou nou niet willen zeggen dat ik van mijn baan hou…", gaf ik schoorvoetend toe.
"Daar ben ik eigenlijk wel een beetje verdrietig over omdat het op papier echt de perfecte baan voor mij is. In het begin dacht ik nog dat het met de tijd wel beter zou worden, dat ik gewoon moest wennen aan een nieuwe omgeving, een nieuwe fase in mijn leven, nieuwe collega's… maar we zijn nu ruim een jaar verder en ik voel me eigenlijk nog steeds niet op mijn plek."
Het lukte niet om mijn zucht te verbergen terwijl mijn ogen rust zochten in de paarse muur. Al was de muur niet helemaal paars. Het was meer een soort foto van een meertje met hele grote kiezels op de voorgrond, het soort dat net niet lekker loopt op blote voeten.

In een rustige beweging sloeg de psycholoog haar handen in elkaar en legde ze op haar schoot, een beweging die mijn ogen weer haar kant op trokken. Ik dacht altijd dat je tegenover elkaar zat bij de psycholoog, of zelfs op zo'n bank zou moeten liggen, starend naar het plafond terwijl een streng uitziende oude man met een brilletje op in je ziel zat te knijpen en aantekeningen zat te maken. Hier niet blijkbaar, want we zaten op een manier waarbij je in dezelfde richting kijkt maar elkaar ook nog makkelijk kunt aankijken.

"En naast dat je je niet helemaal op je plek voelt, is er onlangs ook iets vervelend op werk gebeurd, heb ik begrepen. Zou je me daar eens doorheen willen lopen?"
Ik slikte. Ondertussen kon ik het verhaal er redelijk goed uitgooien: emotie uit, brein aan. Desondanks was het niet iets waar ik graag over praatte.

Ik ging verzitten, strekte mijn rug en begon mijn verhaal.
"Ja, eigenlijk zijn er op werk meerdere dingen gebeurd waar ik me niet zo goed bij voel, je zou het kunnen reduceren tot twee situaties", zei ik terwijl ik aanhalingstekens uitbeeldde met mijn vingers bij het woord 'situaties'.
Ik ademde weer wat moed in.
"De eerste situatie gebeurde ongeveer twee, drie maanden geleden. Het betrof iets met de manager van een project waar ik bij betrokken was voor een hele grote klant. Gedurende het project had die manager wat… aparte dingen gedaan of gezegd.
Hij maakte mensen graag belachelijk omdat overuren maken niet in hun weekendplanning zat zoals bij hem, en als iemand van het team een fout maakte, kon hij ze flinke uitbranders geven ook al ging het om de lulligste dingen."
"Hij liet mensen zich graag incompetent voelen, zal ik maar zeggen".

Ik vervolgde. "Ik zou afgelopen jaar een weekje op vakantie
gaan met James ter viering van onze verloving. Op Mallorca
een leuk autootje huren en het eiland rondreizen. Je kunt je
wellicht voorstellen dat ik niet zo veel zin had om dit met die
manager te bespreken, ook al stond ik volledig in mijn recht
om aanspraak te maken op vijf van mijn contractuele vrije
dagen per jaar" zei ik met droog cynisme.

"En," vroeg de psycholoog. "Hoe heb je dat aangepakt?"
Ik staarde voor me uit en zag de scène voor me. "We hadden
een online meeting omdat ik voor een ander project op dat
moment in Brussel moest zijn en hij in Amsterdam zat. Nadat
we de agendapunten hadden afgerond, begon ik over wanneer
ik op vakantie wilde gaan. Uit angst voor gezeik had ik alle
nodige voorbereidingen al getroffen. Ik gaf het ruimer van
tevoren aan dan wat de huisregels voorschrijven. Ik had een
moment uitgekozen waarvan ik wist dat de klant zelf niet met
het project bezig zou kunnen en had met collega's overlegd
wie mijn calls zou aannemen als ik er niet zou zijn."
"En hoe reageerde hij op je verzoek?" vroeg ze.
"Nou voor zijn doen, verassend goed. Hij maakte een 'grap'
over dat ik met kerst ook al 2 weken vrij had gehad en
'waarschuwde' me dat ik wel genoeg uren moest maken als ik
voor promotie wilde opgaan."

Ik zag een wenkbrauw van de psycholoog omhoog schieten.
"En dat is goed gedrag voor zijn doen?"
Ik knikte en tuitte mijn lippen terwijl ik in gedachte checkte of
dit klopte. "Ja, we hebben veel erger van hem gezien". De
psycholoog schreef iets op.

Ik vervolgde mijn verhaal. "Ik negeerde zijn opmerkingen
zoveel mogelijk en uiteindelijk gaf hij zijn oke. Ik was klaar
om mijn werkdag af te ronden en had zin om te gaan eten, tot
ik een inkomend telefoongesprek zag van hem."

Ik slikte. Hier dacht ik liever niet aan terug. "Ik nam op, en hij
was helemaal tekeer gegaan tegen me. Hij legde eerst niet
eens eerst uit waarover hij belde… tot ik hapte en vroeg wat
er aan de hand was."
Ik zuchtte. "Eerder die week had het hoofd van de afdeling
feedback achtergelaten op een rapport waar we met dit team
aan hadden gewerkt. Ik deed de eerste laag aan verwerking,
alles wat ik kon oplossen had ik gedaan, en alles waarvoor je
manager-level bevoegdheid voor nodig hebt, had ik aan hem
doorgespeeld.
Ik nam even een korte pauze om een paar keer diep adem te
halen.
Ik vervolgde. "Waar het op neer komt, is dat volgens hem, ik
al het feedback op het rapport had moeten verwerken. Hij
beschuldigde me ervan dat ik mijn werk niet had gedaan."
"In mijn perspectief, probeerde hij zijn verantwoordelijkheden
op mij af te schuiven. Na zijn geraas probeerde ik kalm te
blijven en legde ik uit dat ik simpelweg niet de bevoegdheid
had de keuzes te maken die nodig waren om die laatste punten
te verwerken. Hij luisterde niet eens naar me. Hij schreeuwde
dat 'als ik me beter had ingelezen, ik het zelf had kunnen
doen'. "

Ik zuchtte verslagen. De beschuldiging dat ik mijn werk niet
goed had gedaan, had me heel veel pijn gedaan. Nog nooit

heeft iemand me verteld dat ik mijn werk niet goed had
gedaan, en dan al helemaal niet zo onterecht.
"En wat gebeurde er toen?" Vroeg de psycholoog met een
vlaag van medeleven in haar ogen.
"Na zijn monoloog was ik zo achterovergeslagen, dat ik
letterlijk 'juist' zei en ophing."
Ik snapte het gewoon niet. Gedurende het project zorgde ik er
altijd voor dat ik mijn taken tijdig en perfect afleverde, en
zelfs sociaal heb ik me van mijn beste kant laten zien aan het
team en de klant.
Zijn beschuldiging was trouwens niet alleen raar, maar ook
onterecht. Ik had alles gelezen en begrepen. Ik had al mijn
eigen taken netjes afgerond en zelfs teamgenoten uit de brand
geholpen.
"Het ging om feedback gegeven door het afdelingshoofd, de
meest ervaren persoon met dit soort opdrachten in het hele
bedrijf. Voor een perfectionistische work-a-holic zoals ik zijn
er weinig dingen meer kwetsend dan de beschuldiging dat ik
mijn werk niet goed heb gedaan", zei ik half lachend in een
treurige poging de situatie wat lichter te maken voor mezelf.
Tranen prikten in mijn ogen. Ik voelde me ongezien, terwijl ik
heel erg hard had gewerkt om het goed te doen.
"Weet je" zei ik tegen de psycholoog, "ik vind het helemaal
prima om constructief feedback op mijn werk te ontvangen,
maar niet als het zo lullig gedaan wordt."

"Waar in je lichaam voel je nu iets gebeuren, Valeria?", vroeg
de psycholoog. Verrast maar geïnteresseerd door haar vraag
keerde ik mijn aandacht naar binnen. "Ik voel wat spanning in
mijn buik", antwoordde ik.

"Ik wil je vragen om contact te maken met dat deel van je lichaam. Leg je hand daar waar je die spanning ervaart, en laat jezelf voelen wat dit verhaal met je doet."

Het voelde zo oneerlijk. Gedurende het hele project heb ik me voor minstens 120% ingezet. Elke meeting had ik maximaal voorbereid, vooruitgedacht. Als de manager geen tijd had, was ik het eerste aanspreekpunt voor de rest van het team en de klant. Als de manager zich weer eens als lul op de werkvloer gedroeg, was ik de persoon bij wie mijn teamgenoten kwamen relativeren. Terwijl het enige wat eigenlijk 'officieel' tot mijn takenpakket hoorde, was de zorg dragen voor dat de implementatie bij de klant goed verliep. "Mijn specialiteit is verander-transitie, iets waar ik veel energie uit haal. Ik hou ervan om echt naar mensen te luisteren, om door te vragen en samen te doorgronden wat de mensen nodig hebben, in plaats van vast te blijven hangen in de kaders van kritieke prestatie-indicatoren en omzetcijfers. Dit bleek mijn succesformule, projecten waar ik aan werkte, werden altijd hoog beoordeeld door klanten.
Emotionele veiligheid creëren, is onderdeel van dat succes, maar helaas is die wijsheid aan de manager van ons eigen team voorbijgegaan. Ik word er echt boos van!", zei ik met een hand nog steeds op mijn buik.

"Om terug te komen op wat er in Brussel is gebeurd, hoe ben je ermee omgegaan dat je manager je zo via een videogesprek heeft behandeld?", vroeg ze me.
Ik dacht terug aan die betreffende avond. Ik was van plan om na het werk nog even te genieten van waar ik was, een restaurantje in het centrum van Brussel op te zoeken en daar

wat te gaan eten. Daar had ik geen behoefte meer aan na dat telefoontje.

"Nadat ik mijn laptop had dichtgeklapt, belde ik direct een vriendin van werk op." En godzijdank was ze nog bereikbaar, want ik voelde me echt slecht.

"Toevallig nam ze direct op en kon ik mijn verhaal bij haar kwijt. Ze had nog wat verder doorgevraagd naar het gedrag van die vent en samen kwamen we tot de conclusie dat het een goed idee was om dit eens met hogerop te bespreken. Zij had ook al het een en ander met hem meegemaakt en verhalen gehoord van andere mensen dus het was blijkbaar een terugkerend probleem."

Ik had onbewust in mijn handen zitten knijpen. Van buitenaf zag ik er waarschijnlijk kalm uit. Ik praatte rustig, zonder nerveuze trekjes die potentiële spanning zouden verraden. Maar voor mezelf kon ik het niet verstoppen, want ook al zag het eruit alsof mijn handen kalm in elkaar gevlochten op mijn schoot lagen, de stijfheid in mijn vingers verraden dat ik onbewust in mijn handen had zitten knijpen.

Ik vervolgde mijn verhaal terwijl ik een verdwaalde pluk haar achter mijn linkeroor stopte. "Lang verhaal kort, ik ben 4 weken bezig geweest om hier werk van te maken. Ik werd van het kastje naar de muur gestuurd en niemand leek zijn handen hier aan te willen branden. Totdat het afdelingshoofd erachter kwam. Ik werd uitgenodigd om op gesprek te komen en het duurde niet lang voordat HR met een onderzoek begon naar die vent."

Ik voelde een tevreden glimlach opkomen die ik ook weer voelde zakken. Het was me uiteindelijk gelukt om er werk van te maken, maar de kosten waren hoog.

De psycholoog keek me nog steeds met even vriendelijke
ogen aan.

Ik vervolgde mijn verhaal. "Het afdelingshoofd is alleen een
erg druk bezet man, dus tegen de tijd dat we elkaar konden
spreken waren we weer 2 weken verder".
Ik dacht terug aan die 6 weken tussen het Brusselincident en
mijn gesprek met het het afdelingshoofd. Ik dacht dat ik mijn
portie ellende wel had gehad na dat incident. Een ander
project was net van start gegaan. Nieuw project, nieuwe
kansen dacht ik. Helaas bleek dat ook nieuwe kansen voor
ellende.
Ik zuchtte diep en voelde een zwaar gevoel opkomen in mijn
borst. "In die 6 weken tussentijd is er helaas nog iets
voorgevallen."

Mijn ogen zochten verankering in de paarse muur. De
psycholoog leek aan te voelen wat het met me deed. "Valeria,
ik wil je vragen om even goed rechtop te zitten, met beide
voeten op de grond en je handen op je bovenbenen met de
palmen naar beneden."
"Adem even diep in en uit". Ik deed wat me gezegd werd en
sloot daarbij mijn ogen.
"Het is natuurlijk belangrijk dat ik goed begrijp wat er
gebeurd is, maar je hoeft je er niet doorheen te haasten, oke?
Neem je tijd. Het is al hartstikke moedig van je dat je al zo
open met me bent geweest."
Ik glimlachte schaapachtig. Hoe bizar kan het leven lopen.
Het ene moment heb je alles op orde, ga je naar werk, doe je
je sport, en haal je op zaterdagen je weekboodschappen net
zoals alle andere Nederlandse arbeiders. Het volgende

moment zit je te kletsen tegen een vreemde over werksituaties
die je 400 keer meer belasten dan je zou willen.
En waarom viel alles me eigenlijk zo zwaar? Ik werd alleen al
zwaarmoedig van beseffen dat die onzin me zo naar beneden
trok.
Ik besefte me dat ik weer was afgedwaald in mijn eigen
gedachten. Ik opende mijn ogen, ik nam diep adem, en ik ging
weer verder met mijn verhaal.

"Dat gesprek met het afdelingshoofd ging uiteindelijk over
twee managers", leidde ik in. De psycholoog schreef weer wat
op. 'Saga numero 2', had ik zelf waarschijnlijk opgeschreven.
"Met de tweede manager in kwestie, begon eigenlijk al direct
in de eerste week van het project."
We zaten in een team van ongeveer zeven mensen. "Om het
kort te zeggen, had het team veel meer sturing nodig dan dat
zij aan ons gaf."
"Bij ons ligt het werktempo ontzettend hoog. In 1 week
kunnen we een hele profielschets maken van de klant, het
'probleem' eigen maken en een hypothese gevormd hebben
over wat er veranderd moet worden om het probleem op te
lossen.
Dat vereist heel veel skills en verantwoordelijkheid van ieder
lid van het team, maar leiderschap en sturing zijn
noodzakelijk. Na drie dagen hard werken wisten we eigenlijk
nog steeds niet wat de status quo was, en de manager was
slecht bereikbaar.
Als er sturing mist, merk je dat direct aan het team. Iedereen
wordt onrustig en voelt zonder duidelijk aanwijsbare reden
veel meer stress. Mensen beginnen dan dubbele taken te doen
door gebrek aan communicatie. Dat is ontzettend inefficiënt,

niet voor niets splitsen we normaliter taken en
verantwoordelijkheden. Onbewust was iedereen bezig de
gaten van die manager te dichten, maar we verspilden energie
door een gebrek aan sturing. Ik had daar geen zin meer in, dus
besloot ik om meer sturing te vragen."

"Dat klinkt als een goede strategie", zei de psycholoog terwijl
ze mee aan het schrijven was. Ik nam gebruik van dat ze nog
aan het schrijven was om even een kleine adempauze te
nemen.

"Helaas bleek ze niet te bereiken…" verzuchtte ik. De
psycholoog keek op. "Dus besloot ik de senior manager,
iemand die niet echt betrokken is op uitvoerend niveau, te
bellen. Ik had uitgelegd hoe het tot nu toe allemaal was
gelopen, hoe ze bijvoorbeeld junioren alleen liet tijdens
belangrijke klant meetings en ik door mijn collega werd
opgehaald voor assistentie." Ik wreef over mijn voorhoofd
maar de spanning leek niet weg te trekken.
"Die senior manager was er simpel gezegd niet van gediend.
Nadat hij me bedankte dat ik hem dit had verteld, beloofde hij
me dat hij die manager zou spreken en met een oplossing zou
komen. Zijn vermoeden was namelijk dat ze het te druk had
met andere projecten en ze wat meer moest gaan sturen en
concreet delegeren, waar hij haar bij zou helpen. "

Ik pauzeerde even om een slokje water te nemen. "Wat goed
dat je direct aan de bel hebt getrokken in plaats van dat je het
hebt laten aanmodderen. Wat gebeurde er nadat hij met die
manager had gesproken?"

Ik hoorde mijn tanden op elkaar klappen nog voordat ik
voelde dat mijn kaken op elkaar klapten.
"Eerlijk, ik dacht dat ik het goed had opgelost dus ik was de
volgende dag helemaal happy weer aan het werk gegaan. Ik
werkte vanuit huis die dag. Na de lunch kreeg ik een berichtje
van haar via microsoft teams.
Het was best een lang bericht, maar waar het op neerkomt is
dat ze vertelde dat als ik wilde dat ze bij bepaalde meetings
aanwezig zou zijn, ik haar dat gewoon moest vertellen. Dit
sloeg voor mij de plank zo hard mis omdat mijn hele punt was
dat het team sturing mistte en daardoor heel erg in de stress
zat. Het boeide mij heel weinig of ze nou bij die meetings zat
of niet omdat we dat ook anders konden oplossen. Wat we
nodig hadden, was haar leiding. Ik was toen best wel pissig,
maar besloot haar terug te schrijven dat we hier de volgende
dag maar over moesten bellen."

De psycholoog keek me waarderend aan. "Dat was een erg
volwassen antwoord van je, wat goed dat je toen niet in die
boosheid erop in bent gegaan. Afstand creëren van zo'n
situatie voordat je het gesprek aangaat is het beste wat je kan
doen. Dan kan de emotie zakken en kun je met een helder
hoofd een constructief gesprek aangaan."
Ik keek een beetje verrast op. Ik had dit verhaal al een paar
keer eerder verteld aan mensen om me heen, maar geen een
keer benadrukte iemand dat ik goed met die situatie omging.
Nou heb ik ook niet een klop op de schouder nodig, maar het
kostte echt wel wat kracht om niet in dat verhitte moment die
manager precies te vertellen hoe en waarom ze het mis had.
Toch fijn als iemand dat erkent.

"Ja, dat dacht ik ook", antwoordde ik met een blije glimlach.
"Hoe ging dat telefoongesprek?", vroeg ze.

"Nou… heel erg slecht eigenlijk", zei ik half lachend.
Gelukkig kon ik er om lachen want na dat telefoontje stond
het huilen me veel nader dan het lachen.
"Ik had nog amper opgenomen of ze begon - en ik overdrijf
niet - aan een defensief monoloog van 10 minuten waarin ze
me vertelde hoe druk ze het wel niet had, op hoeveel projecten
ze wel niet gepland stond en dat ze in het weekend moest
overwerken om alles bij te benen. Gevolgd door een
geïrriteerde boodschap dat als ik had gewild dat als zij bij die
meetings zat, ik haar dat gewoon moest zeggen. Ze vertelde
dat ze het aan ons overliet omdat ze de indruk had gekregen
dat we zelfverzekerd genoeg waren om dat zelf af te
handelen".
Ik zag hoe mijn handen zich in vuisten balden op mijn schoot.
"Daar had ze een gevoelige snaar mee geraakt. Natuurlijk
vonden we het spannend om die gesprekken met de klant
zonder haar te doen, maar we hadden het uitmuntend goed
voorbereid en we hebben ons goed staande gehouden."
"Ik onderbrak haar, en vertelde dat ik niet zo goed begreep
waarom ze het hier over had en legde uit dat die gesprekken
prima gingen. Daar had ik haar even tuk mee. Ze was een paar
seconden stil, waarna ze zei 'dat ik daar toch over had
geklaagd bij de senior manager'. Ik snapte niet hoe deze
miscommunicatie zo had kunnen plaatsvinden. Ik vertrouwde
erop dat die senior manager dit goed zou afhandelen.
Ik legde haar dus uit dat ik niet naar hem toe was gegaan om
daarover te klagen maar dat ik met hem had gesproken omdat

ik haar dus niet te pakken kreeg en het team meer sturing
nodig had."

"Ik dacht dat ik het ergste al wel had gehad maar wat volgde
was gewoon weer een verhaal van ruim 10 minuten over hoe
druk ze het wel niet had, dat ze wel degelijk wat had
gedelegeerd naar iemand anders en dat ze alle essentiële
dingen had gedaan. Ze noemde letterlijk alles op wat ze had
gedaan voor dit project. Ik voelde me erg ongehoord, en het
was duidelijk dat ze niet openstond voor mijn feedback.
Anders had ze in plaats van dat defensieve monoloog wel
gevraagd naar waarom ik dacht dat het team sturing miste."
Tot op de dag van vandaag denk ik dat zij nog steeds niet weet
hoe gestresst iedereen was. Niet gek ook, dat ze daar geen oog
voor had. Ze was veel te veel bezig met zichzelf en hoe druk
ze het wel niet had.
"Het druk hebben is bij ons dus taboe om als excuus te
gebruiken. Iedereen heeft het druk, we werken voor een high
performance organisatie. De cultuur is dat je
verantwoordelijkheid neemt over je eigen uren, met als
uitgangspunt dat de kwaliteit van werk niet mag leiden aan het
aantal uur dat je besluit (over) te werken aan een project. Heb
je te veel werk als manager? Dan ga je kletsen met planning
of je een project kan overdragen. Op zijn minst had ze ons
team kunnen inlichten over haar situatie en de tijd kunnen
nemen om samen naar een oplossing te zoeken. In dit soort
situaties kunnen we altijd verantwoordelijkheden overnemen,
als het maar goed gecommuniceerd wordt. Communicatie
blijkt toch ook bij dit soort organisaties een pijnpunt."

Ik fronste. Ik raakte altijd geïrriteerd als mensen zo'n logische oplossing over het hoofd zagen. Werk slimmer, niet harder. Dat is de sleutel. Een investering van haar kant van 1 uur had haarzelf en het team een hele hoop gedoe bespaard. Moet je voorstellen, als ze dat had gedaan, dan zat ik hier misschien niet eens.

Met nog een zucht vervolgde ik mijn verhaal weer. "Ze eindigde haar monoloog met de boodschap dat als ik input had over wat ze nog meer had kunnen doen naast die hele lijst van zaken die ze net had opgenoemd, ze dat nu graag van me hoorde".

Ik zuchtte. "Alsof ik me na alles wat er was voorgevallen over de telefoon, veilig en uitgenodigd voelde om haar concrete input te geven. Het leek ook meer alsof ze de vraag zo had geplaatst dat er voor mij eigenlijk niet echt mogelijkheid was om goede input te geven, maar ze dan wel kon zeggen 'dat ze het had aangeboden'. Dus toen zei ik dat ik erover na zou denken en het op een ander moment zou opbrengen, en hing ik op".

"Nadat we hadden opgehangen liep ik verdoofd naar de woonkamer. James zat daar een boek te lezen, en ik ging naast hem zitten op de bank. Toen hij vroeg hoe mijn gesprek was gegaan, kreeg ik amper iets over mijn lippen. De tranen waren al in mijn ogen gesprongen en het lieve gebaar waarmee hij zijn arm om me heen sloeg maakte dat ik in huilen uitbarstte." Ik slikte de tranen weg die zich een weg naar mijn ogen probeerden te banen.

"Het voelde niet juist, hoe ze me behandeld had en blijkbaar
kon ik daar heel erg van overstuur raken. Het waren niet
zozeer haar woorden die me zo raakten, maar dat ze
schreeuwend aan de telefoon monologen had zitten houden
om haar gedrag goed te praten. Het enige wat ik wilde
bereiken was dat het team niet met een halve burn-out het
weekend in zou gaan. In plaats daarvan, had ik een volle laag
geïncasseerd van iemand die haar ego belangrijker leek te
vinden dan het welzijn van haar team. Een klein uur daarna
had ik de senior manager alweer aan de lijn. Nog steeds
huilend trouwens, dat was beschamend!
Maar ik kon niet anders, dit moest opgelost worden. Gelukkig
beaamde hij dat dit nooit zo had mogen plaatsvinden en
beloofde me dat dit na het weekend opgelost zou worden." Ik
veegde een traan van mijn wang.

"Uiteindelijk hebben we die week nog met z'n drieën op
kantoor een gesprek gehad om dit op te lossen. Uiteindelijk
heeft ze sorry gezegd voor haar gedrag en beloofde ze mijn
feedback serieus te nemen. Ze voelde zich inderdaad
overspoeld door al het werk en had simpelweg gewoon niet
door dat wij er last van hadden dat zij zo gestresst was."

Nu voelde ik naast de spanning in mijn kaken, ook de
spanning in mijn voorhoofd van het fronsen. Ik probeerde
mijn gezicht een beetje te ontspannen. Ik was bijna door mijn
verhaal heen, 'nog even doorzetten', dacht ik tegen mezelf.
"Ongeveer twee weken na dit voorval zat ik op een project dat
begon met een bulk aan data-analyse. Ik had al een hele
ochtend een beetje vaag naar mijn scherm zitten staren.
Gelukkig werkte ik die dag thuis, dan kon ik tenminste

ongestoord een beetje ongelukkig zitten zijn. Die middag was
het me eindelijk gelukt om excel te openen. Na een half uur
naar een lege sheet gestaard te hebben lukte het me maar niet
om mijn vingers naar het toetsenbord te krijgen. Ik stond op,
en zakte tegen de deurpost aan in elkaar op de grond. Ik begon
te huilen, en het stopte maar niet. Ik voelde me zo ongelukkig
en alleen, terwijl ik genoeg lieve mensen om me heen heb en
nota bene samenwoon met mijn verloofde! Gelukkig was hij
die middag niet thuis, ik schaam me altijd als ik in zijn bijzijn
moet huilen.
Uiteindelijk belde ik een manager op met wie ik goed
bevriend was. Hij wist al wat er gebeurd was, dus dat hoefde
ik gelukkig niet uit te leggen. Ik vertelde dat ik me maar niet
kon concentreren en me heel erg slecht voelde. Hij stuurde me
direct 'met ziekteverlof' en vroeg of hij met mijn
toestemming de bedrijfsarts voor me mocht bellen om een
afspraak te maken.
Ik moest mijn ziekteverlof zien als 'twee weken vakantie voor
mezelf', waarbij ik even niet aan werk hoefde te denken en bij
kon komen. Als ik me daarna goed voelde mocht ik gewoon
terugkomen, als de bedrijfsarts in consultatie met mij het
advies zou geven dat ik nog even nodig had, kon ik me langer
ziekmelden."
Ik keek naar mijn schoenen. "We zijn nu twee maanden verder
en ik heb sindsdien nog geen dag gewerkt. In constant overleg
natuurlijk, ik krijg daarin wel fijne begeleiding eigenlijk van
mijn managers. Als het aan mij had gelegen was ik na die
twee weken direct terug gegaan, maar ik zie nu ook wel in dat
dat niet zo'n goed idee was geweest. Op aanraden van de
bedrijfsarts ben ik via mijn eigen huisarts op zoek gegaan naar
een psycholoog, wat het cirkeltje rond maakt zo, denk ik."

Thuiskomen

Langsrijdende auto's herinnerden me eraan dat ik niet alleen
was op de weg. Een stevige wind maakte dat ik hard moest
trappen om mijn fiets vooruit te laten komen.
In combinatie met mijn gefrituurde brein na het gesprek met
de psycholoog, leek het wel alsof ik door water aan het fietsen
was. Zo vertraagd voelde mijn beeld.
Ik had tijdens het gesprek de psycholoog netjes de hele
waarheid verteld over wat er gebeurd was op werk. Dat was
zo uitputtend dat ik hoopte dat het zwaarste van het gesprek
daarmee wel was geweest.

Ik dacht terug aan haar reactie nadat ik klaar was met mijn
verhaal.
"Dat is een heftige situatie geweest, Valeria", had ze gezegd
nadat ik de tweede situatie had toegelicht. Ze bleef me even in
stilte aankijken om te checken of haar zin bij me binnendrong.
"Het spreekt heel erg voor je karakter, hoe volwassen je
hiermee bent omgegaan".
Ik knikte voorzichtig, ik had mezelf die credits nog niet
durven geven. Wie ben ik immers om dat zo te vinden? Op dit
punt merkte ik hoeveel energie het uit me had gezogen om die
verhalen weer op te rakelen. Ik zat nog steeds rechtop in de
stoel, maar vanbinnen voelde het alsof ik hulpeloos onderuit
zakte.

De psycholoog leek recht door me heen te kijken. "Natuurlijk
zitten er altijd twee kanten aan een verhaal, zij deed

ongetwijfeld ontzettend haar best en het is zeer waarschijnlijk
dat zij jou ook wat feedbackpunten kan meegeven."
Ik probeerde zo onopvallend mogelijk de brok in mijn keel
weg te slikken. Natuurlijk wist ik dat je over mij ook wel het
een en ander kon zeggen, maar toch blijft het prikken als
iemand dat zo zegt.
"Dat gezegd hebbende, zat zij in een positie van
verantwoordelijkheid over het team, over jou. Zij had vanaf
het begin verantwoordelijkheid moeten nemen door duidelijk
te communiceren over haar limitaties. Daarnaast had zij jou
natuurlijk nooit zo mogen benaderen. Het is onverantwoord
om iemand die onder jouw verantwoordelijkheid valt, terug te
pakken door te zeggen dat die persoon niet voor zichzelf had
mogen opkomen. Ik kan me niet voorstellen dat jij je daarna
veilig voelde. Wat ze had kunnen doen, was het laten rusten
zodat de emotionele lading kon zakken om er eventueel later
vanuit een constructieve positie op terug te komen."

Ik stapte uit mijn gedachten. Ondertussen was ik bij de
supermarkt aangekomen. Ik wou dat die gekke vertraging nou
eens weg ging. Nog steeds verdwaasd liep ik door de
supermarkt, en met moeite herinnerde ik me wat ik wilde
kopen voor het avondeten. Ik pakte de buffelmozzarella, en
gooide op goed geluk nog wat groenten in mijn mandje. Na
het afrekenen stapte ik weer op de fiets naar huis, in stilte
niemand in het bijzonder aan het bedanken voor de zelfscan
kassa's.

Sterke armen hielden me in een warme, liefdevolle knuffel.
"Kom even zitten Val", fluisterde James. Hij gaf een kneepje
in mijn hand, pakte de boodschappentas over en plantte me op

de bank. Uitpakken van de boodschappen zou hij niet doen,
maar desondanks was ik dankbaar.
Hij was vandaag thuis gebleven van college omdat hij t liever
terugkijkt en niks anders te doen had op de universiteit. Ik had
mijn twijfels bij dat terugkijken, maar dat was ik al snel
vergeten toen hij een kop thee in mijn handen drukte.
"Poah, ik voel me alsof er een sumoworstelaar op me is gaan
zitten", zei ik toen James naast me kwam zitten met zijn eigen
thee in handen. Hij grinnikte.
"Hoe was het? Had je een klik met haar?" vroeg hij.

Ik dacht even na. Ik hoorde vaker mensen spreken over 'een
klik' hebben met je psycholoog. Nou heb ik nooit eerder een
gesproken dus ik kan het niet echt vergelijken.
Ik nam een slokje van de hete thee, die nog een beetje brandde
op mijn tong. Ik dronk mijn thee altijd het liefste op het randje
van ondrinkbaar heet.
"Ik denk het wel. Ik was nog geen vijf minuten binnen of ze
had al opgepikt dat ik hooggevoelig ben." Ik dacht nog wat
dieper na.
"Nu ik er zo over nadenk, voelde ik me wel heel veilig bij
haar. Ik had het gevoel dat ze me heel snel begreep."

"Nadat ik had verteld over die twee werksituaties, gaf ze ook
haar perspectief op het verhaal. Ik had niet helemaal verwacht
dat ze in de intake zo op de inhoud zou ingaan, maar het heeft
me nu al wel nieuwe inzichten geboden en daarmee ook
vertrouwen in haar. Wat ze zei, het klonk logisch en waar."
James glimlachte. "Je was zeker bang dat je psycholoog niet
slimmer was dan jij, dat ze niet door je heen zou kunnen
prikken."

"Nou... ja!" lachte ik. "Het is zo makkelijk om anderen voor de gek te houden dat het goed met me gaat."
James rolde lachend met zijn ogen. "En hoe nu verder dan?" vroeg hij.

"Het plan is om een traject te doen, waarbij het verdeeld is in verleden-heden-toekomst. Ze wil eerst aangeleerde gedragingen en patronen in kaart brengen. Daarna gaan we dat koppelen aan het heden en ten slotte gaan we iets doen om te duiken in wat ik voor mezelf wil in de toekomst. Aan het einde gaan we ook een 3-gesprek doen met mijn baas, waarbij het vraagstuk is of ik wil blijven werken bij dit bedrijf."
Dat laatste vond ik een absurd idee. Ik kon het me niet voorstellen dat ik met mijn baas en psycholoog een gesprek zou hebben over of ik daar nog wilde blijven werken of niet. Desondanks vond ik het ook een exciting idee, al is dat wellicht de adrenalinejunk in mij.

James, die zijn thee het liefste op normale drinktemperatuur dronk, begon nu ook zijn thee. "He, zullen we een film gaan kijken?", zei James met de afstandsbediening al in zijn handen en met zijn ogen op de tv gericht.

Kunnen we niet nog gewoon even over het leven praten en een wijntje drinken? Was een vraag die ik voelde maar niet over mijn lippen kon krijgen. Achja. Knuffels en een afleidende film klonken me wel heel goed in de oren. James en ik zijn vier jaar samen, waarvan we er al twee samenwonen. Ik heb hem al duizenden keren geknuffeld, maar ik denk niet dat ik er ooit genoeg van krijg.

James haalde ondertussen een bak ijs tevoorschijn toverde uit de keuken.

James drukte de bak ijs in mijn handen en pakte lepels. "Wel echt leip dat je baas dit allemaal voor je gaat betalen trouwens. Dat heb ik nog nooit eerder gehoord".

Hij gooide de afstandsbediening naar me toe. Ik was ook verbaasd toen ik van mijn manager hoorde dat ze dit aanbieden. Als de psycholoog had gezegd dat ik 20 sessies nodig had, hadden ze dat volgens mij ook gewoon bekostigd. "Hoort blijkbaar allemaal bij hun personeelsstrategie. Ze weten dat de werkdruk hoog is en problemen bij mensen dan eenmaal sneller naar boven drijven. Zo'n uitval als de mijne zien ze niet als zwakte, althans dat zeggen ze, maar als 'een tijdelijk dal'.

En om eerlijk te zijn, maakt dat wel dat ik ze ondanks deze crisis meer waardeer."

Ik zuchtte. "Shit happens anyway" zei ik met een halve glimlach.

Het viel me nu pas op dat james dat mooie grijze shirt aan had, en droeg boven een lichte, stoere spijkerbroek. Ik had een keer laten vallen dat ik dit shirt zo leuk vond omdat het zijn biceps accentueert. Ik grinnikte vanbinnen. Zou hij dat expres hebben gekozen voor vandaag? Hij plofte naast me neer. "Dus wat voor film wordt het? Er is een nieuwe Marvel uit."

Ik keek hem sluw aan. "The Holiday", zei ik met een zeer tevreden glimlach. James zuchtte naar het plafond.

Het kindertehuis

Januari, 2023.

Ik voelde hoe het zweet me uitbrak zodra ik de hal van de
praktijk binnenstapte. Ik had hard moeten fietsen met flinke
tegenwind en voelde me nu al uitgeput.
Het was 3 weken na de intake. Vandaag begon de eerste
'echte' sessie. Hoewel ik me er erg goed over voelde, was ik
toch ook wel nerveus. Ik had geen idee wat ik kon
verwachten.

Ik ging zitten in de lege wachtruimte. De stilte voelde
onheilspellend, haast als een voorbode voor wat er ging
komen.
De deur van haar ging open en mijn psycholoog stapte
glimlachend de wachtruimte in. "Kom binnen, Valeria!" zei ze
terwijl ze met haar arm een verwelkomend gebaar naar haar
kamer maakte. Ik rook een zweem van citroen en eucalyptus
toen ik haar kamer in stapte dat net zo snel verdween als het
leek te verschijnen. Jammer dat het niet van een geurkaars
afkwam.
Ze schonk water voor me in, zette het glas op het tafeltje naast
mijn stoel neer en ging zelf ook zitten.
'Hoe gaat het vandaag met je?', vroeg ze uitnodigend.
'Prima', zei ik terug. De vorige keer had ze me drie
opdrachten mee naar huis gegeven. 'Drie keer 30 minuten
voor jezelf', had ze het genoemd. Dertig minuten iets
ontspannends doen, dertig minuten bewegen en een half uurtje
iets doen om jezelf het leven te vieren.

"Ik zeg je eerlijk, ik vond het moeilijker dan verwacht om die opdrachten te doen".

"Vooral 'niks' doen en rust pakken blijft lastig maar zoals beloofd heb ik elke dag 30 minuten geprobeerd iets ontspannends te doen". Ze had me na de vorige sessie een lijst gestuurd met suggesties voor ontspannende activiteiten, met als opdracht elke dag een half uur voor mezelf te pakken. Daarnaast moest ik ook elke dag iets doen om het leven te vieren, dat vond ik een leuke opdracht. Zo had ik had bonbons gehaald bij de chocolaterie om de hoek en mocht ik van mezelf elke dag een paar eten ter viering van het leven. Ik was er zelf nooit opgekomen om een luxeproduct te halen zonder goede reden, maar het was makkelijk te doen in opdracht van. En verassend leuk.
"Wat goed", zei ze. "Is het ook gelukt om het leven te vieren?"
Enthousiast vertelde ik over de bonbons. Terwijl ik de details deelde, voelde ik een golf van trots dat ik iets voor mezelf had gedaan. Ik had er nooit bij stilgestaan dat ik blijkbaar zelden iets doe voor mezelf, puur omdat het kan. Er moet altijd een reden voor zijn, of een praktisch nut. Ik vertelde haar over dit besef.
"Wat goed dat je dat gedaan hebt! En wat knap ook, dat je jezelf zo kunt aanschouwen." Er leek een vlaag van trots over haar gezicht te trekken.

"Goed, zoals we de vorige keer hadden besproken, beginnen we vandaag met een duik in het verleden. Ik zou graag willen beginnen met dat je een drietal zinnen voor me afmaakt.

Herinner je hiervoor aan je vroegste jeugd, voor je zesde
ongeveer. Als je wil kun je je ogen sluiten."
We springen direct in de ellende blijkbaar. Ik ging rechtop
zitten, legde mijn handen op mijn bovenbenen en sloot mijn
ogen. Ik knikte.
"Denk aan je vroegste herinnering. Waar ben je?" Vroeg ze. In
gedachten deed ik mijn ogen open. Ik zag de slaapkamer uit
mijn jeugd voor me. "Ik ben net wakker geworden en lig in
bed in mijn kamer. Het is donker buiten, dus ik denk dat het
winter is want het is vroeg in de ochtend."
"Heel goed. Maak nu de eerste zin voor me af. Ik voel me…."
"Excited", antwoordde ik direct. In mijn herinnering voel ik
me blij en nieuwsgierig, ik heb zin in de dag lijkt het wel. "Oh
sorry," zei ik snel. "Dat is niet nederlands, maar ik kan me zo
snel geen nederlands woord bedenken dat dezelfde lading
dekt'. Ik schaamde me een beetje.
"Geen probleem. Het maakt niet uit welk woord je kiest, taal
is enkel een middel om iets uit te drukken. Als dit past bij je
gevoel, dan is dat zo. Veroordeel het niet."
Ik voelde een bescheiden glimlach om mijn lippen spelen. Ik
voelde me weer een stukje veiliger.
Ze vervolgde: "Maak nu de volgende zin voor me af."
"Thuis voelde ik mij…?"
Ik dacht even na. In mijn herinnering stapte ik het bed uit en
liep ik naar de keuken, waar mijn moeder bezig was met het
ontbijt maken.
"Verzorgd," antwoordde ik dus. "Verzorgd," herhaalde de
psycholoog. "Dat is mooi. Dan nu de laatste zin."
"De buitenwereld voelde…?"
Ik keek in gedachten door de ogen van mijn jongere ik naar
buiten. Het was donker, de lichten waren aan en onbekende

mensen liepen onder de straatlantaarns door, waarschijnlijk
richting werk.

"De buitenwereld voelde spannend," vulde ik haar zin aan.
"Het is een beetje eng, maar niet bedreigend", legde ik uit/
"Spannend", herhaalde ze voor zichzelf. Ik deed mijn ogen
open, en zag haar wat notities maken.

"Om het even te herhalen: in die herinnering voelde jij je
excited, thuis voelde jij je verzorgd, en de buitenwereld
voelde spannend', vroeg ze ter bevestiging. "Dat klopt",
antwoordde ik.

"Goed," zei ze. "Deze oefening is ontwikkeld door een
onderzoeker uit het veld, en is bedoeld om in kaart te brengen
wat ons jongste wereldbeeld was. Herinneringen die we zo
vroeg maken, bepalen voor een groot deel het referentiekader
voor de rest van ons leven." Ze keek me aan om te zien of ik
haar volgde. Ik knikte, nieuwsgierig naar meer.

"Als ik nu jouw verhalen over je werk erbij pak, kunnen we
daar naar kijken door de lens van dat referentiekader."

"Vanuit wat we net geleerd hebben, voelt het voor jou als
normaal om in een community te leven waarin mensen voor
elkaar zorgen. Als dat niet gebeurt, staat dat haaks op hoe het
volgens jou hoort, wat we in de psychologie cognitieve
dissonantie noemen.' Ze pauzeerde even.

Gedachten vlogen door me hoofd. Ik zag voor me hoe ik me
op het werk inderdaad verwonderd had over hoe weinig
verzorgend mensen eigenlijk waren. Er kwam ook een
herinnering boven van toen ik net met James samen was, en ik
me haast ongeliefd voelde nadat hij weinig verzorgend had
laten blijken toen ik een keer ziek was. Ik voelde een tinteling
van weerstand opkomen. Wat ze zei voelde logisch aan, en
tegelijkertijd leek het me onzin dat zoiets simpels zo veel kon

uitleggen. Ik ademde uit en probeerde die weerstand te laten gaan.

"Resoneert dat je met?" vroeg ze oprecht. Ik knikte.

Ze vervolgde haar verhaal. "In beide verhalen over je werk, zat je in een positie van kwetsbaarheid en had je eigenlijk hulp nodig om het op te lossen. In de eerste situatie moest je hoe lang ook alweer, 4 weken ofzo wachten tot iemand je echt hielp. In de tweede situatie had een senior jou beloofd het op te lossen en voelde je je waarschijnlijk verzorgd en veilig, totdat die manager toch weer om de hoek kwam kijken."

Ik wist niet zo goed wat ik moest denken of zeggen. De herinneringen aan deze gebeurtenissen leken alle bijkomende vervelende emoties omhoog te werken. Het voelde alsof mijn lichaam een glazen potje was, en er opeens een heel erg heftige storm in dat potje was komen opsteken.

Ze gaf me een tissue aan. Blijkbaar waren mijn ogen gaan zweten.

"Zouden andere mensen zich niet zo voelen, in deze situaties?"

Vroeg ik terwijl ik een opnieuw een golf van schaamte voelde. "Dat hangt natuurlijk van de persoon af. Maar ik denk dat heel veel mensen zich wel kunnen relateren aan hoe je je voelde. Bovendien maakt het niet uit hoe andere mensen zich zouden voelen in deze situaties. Het enige wat belangrijk is, is hoe jij je voelde. De waarde daarvan is niet afhankelijk van hoe andere mensen met andere achtergronden en referentiekaders hadden gereageerd."

Dat liet ik even inzinken. Ze had een punt natuurlijk, maar ik heb me mijn hele leven al rekening gehouden met andere mensen. Moest ik stoppen met mezelf afvragen wat andere mensen van mij vonden?

Ik nam een slokje van mijn water.

"Ik wil graag met je kijken naar hoe de jaren voor je waren tussen deze herinnering en dat je een jaar of 12 was. Zou je eens willen beginnen met vertellen of je een thema kunt vastknopen aan deze jaren?"

Als een film die 3x zo snel werd afgespeeld, flitsten er direct een tiental herinneringen voor mijn ogen. Ik voelde een cocktail van emoties omhoog komen. Ik heb geweldige herinneringen aan mijn jeugd, meestal waarbij ik met mijn ouders simpele dingen deed zoals kastanjes zoeken tijdens een boswandeling, of krabben vangen aan de zee. Tegelijkertijd voelde ik ook een oud verdriet, maar ik kon niet direct plaatsen waar dat vandaan kwam.

"Over het algemeen heb ik het heel vaak heel leuk gehad. Ik weet nog dat we in de zomervakantie allerlei leuke dingen deden, en dat de buurjongen heel jaloers was omdat zij nooit echt iets deden."

Ik dacht terug aan hoe verdrietig hij soms keek als we met de auto ergens naar toe gingen. Mijn moeder had uitgelegd dat zij thuis vooral leuke dingen deden met zijn zus, die professioneel dressuur reed en dat ik niet gemeen mocht doen tegen Lars hierover.

"Maar als ik heel eerlijk ben, heb ik ook vaak een knoop in mijn maag gevoeld. Mijn ouders hadden volgens mij best wel vaak ruzie en ik heb daar best wel veel last van gehad. Vanaf mijn zesde gingen veel van die ruzies ook over mijn broertje, Sem."

De psycholoog keek me bemoedigend aan. "Waarom hadden ze ruzie over Sem?" vroeg ze vriendelijk. Ik dacht na. Zo erop terugkijkend, lijkt er wel een patroon in te zitten.
"Sem had echt structuur en consistentie nodig, maar mijn vader vond het heel erg moeilijk om hem 'nee' te verkopen. Mijn ouders werkten op andere tijden, zodat ze elkaar konden afwisselen met oppassen. Je kunt je vast wel voorstellen hoe dat zonder consistentie voor problemen zorgde thuis."

De psycholoog leek diep in te ademen. "Als ouders het niet eens zijn over de opvoeding zorgt dat altijd voor stress in het huishouden," antwoordde ze. Ik knikte instemmend. "Het was niet eens alleen dat ze het niet eens waren, want volgens mij hadden ze wel afspraken gemaakt over hoe ze het wilden doen. Zoals ik het me herinner, kon mijn vader zich daar gewoon nooit aan houden," zei ik fronsend. Ik probeerde te focussen op de paarse muur, maar het leek alsof ik alleen maar door de muur heen kon kijken en dat achter die muur alle vervelende ruzies tussen mijn ouders van vroeger zich afspeelden. "Wat vervelend," zei ze hierop. "En wat naar dat je dit allemaal zo hebt meegekregen op zo'n jonge leeftijd."

"Als er onenigheid was in huis, hoe merkte jij daar wat van?" Ik dacht even na. "Als mijn moeder thuiskwam van werk, vroeg ze vaak hoe mijn avond was. Het duurde niet lang voordat ik haar mijn ergenis vertelde over hoe papa Sem veel te lang door had laten gamen op de computer en we daardoor later gingen eten. Vanaf een zeker punt voelde het ook echt alsof het ik en mama tegen papa was, in de opvoeding van Sem zeg maar'. Ik observeerde een verandering in de

uitdrukking van de psycholoog, al kon ik niet helemaal
opmaken wat dat precies was.
"Zou je eens wat meer willen vertellen over de relatie met je
moeder in die tijd?" vroeg de psycholoog.
Opeens kwam er een hele oude herinnering naar boven
drijven. "Mag ik je vertellen over een oude herinnering, die
misschien wel voor mijn zesde was?" vroeg ik. "Valt
technisch gezien buiten de tijd waar we het over hadden",
lichtte ik toe.
Ze glimlachte. "Tuurlijk."
"Begin eens met de setting en hoe oud je was."

Terwijl ik terugdacht, werd de herinnering steeds scherper. Ik
zag het gelige behang op mijn kamer voor me. Ik zie mezelf
als jong kind zitten op mijn bed, mijn moeder stond voor me.
"Ik denk dat ik een jaar of 4, 5 zo was. Ik weet in elk geval
zeker dat Sem nog niet geboren was. Ik zat op mijn bed. Ik
geloof dat ik iets stouts had gedaan want mijn moeder was
boos op me, maar ik zou me echt niet kunnen herinneren wat
ik had gedaan."

"Waarschijnlijk was het al vaker gebeurd dat ik niet goed had
geluisterd ofzo, want ze schreeuwde dat ze er klaar mee was
hoe slecht ik naar haar luisterde."
Ik voel hoe mijn perspectief op de scène in mijn herinnering
verandert. Opeens kijk ik door de ogen van mijn jongere zelf.
Wanhoop en verdriet omklemmen mijn borst. Ik wilde mama
niet verdrietig maken, maar ik had geen idee hoe ik dat wel
had gedaan. Ik wist niet hoe ik moest reageren om dit te laten
stoppen, en ik was heftig aan het huilen in de herinnering.
Ik keek de psycholoog aan en slikte tranen weg.

"Ze zei dat als ik niet zou veranderen, dat ze me naar een kindertehuis zou sturen en ik haar en papa nooit meer zou zien", zei ik met een heftige mix van emoties in mijn brekende stem.

"Ze zei dat als ik niet zou beloven te veranderen, ze me de dag erna nog naar het tehuis zou brengen. Dat daar allemaal slecht luisterende kinderen zaten die hun ouders niet meer mochten zien. Kinderen zoals die pestkoppen bij mij op de basisschool."

Ik herinner me heel levendig hoe ik me voelde: machteloos.

"In dat moment voelde ik me bereid om alles te doen wat ze ook maar van me vroeg, om maar niet in de steek te worden gelaten", biechtte ik op.

Perferct

Blaadjes ritselden om me heen. Ik lag op mijn rug op de bosgrond ergens aan de rand van een open veld, half beschut voor de zon door het bladerdak boven me. Ik was me maar deels bewust van het gras onder mijn handen, van de zon die mijn benen verwarmde. In gedachten was ik nog in de kamer van de psycholoog, die ik een kwartier eerder had verlaten omdat onze sessie voorbij was. Ze had me aangeraden om even bij te komen in het bos voordat ik weer de auto in stapte om naar huis te rijden.

In gedachten zag ik voor me hoe de psycholoog had gereageerd op mijn kindertehuis verhaal. "Jeetje Valeria", begon ze nadat ik was uitgesproken.
Een beetje onverwachts vroeg ze vervolgens of ik rechtop wilde gaan zitten met beide benen op de grond en met mijn handen op mijn benen. "Voel even, bij wat je me nu net hebt verteld. Laat het toe, wat dit met je heeft gedaan". Ik deed wat ze vroeg. Vervolgens sloot ik mijn ogen en sloeg ik mijn handen ineen, licht getroost door de warmte die ik daardoor voelde. In gedachte was ik weer in de ruimte met die gele muur, en ik voelde een intense pijn in mijn borstkast. Het voelde alsof iemand een riem om mijn hart had gedaan en dat die nu heel strak werd aangetrokken. Tranen prikten in mijn ogen. Ik voelde me intens verdrietig.
"Heel goed Valeria, laat het maar toe. Uit je gevoel, alles mag. Opstaan, schelden, op een kussen slaan… Het maakt niet uit, alles mag".

Alsof er een dam doorbroken werd, stroomden de tranen over mijn wangen. Om een of andere reden had ik haar toestemming nodig om te huilen, om dit te voelen. Ik voelde een enorm verdriet, en het was alsof die doos tissues op het tafeltje naast mijn stoel bij lange na niet genoeg zou zijn om deze rivier van tranen op te deppen. Met tissues vast sloeg ik mijn handen voor mijn gezicht en barstte in een nog intenser huilen uit.

"Valeria", hoorde ik de psycholoog rustig maar standvastig zeggen. Het leek alsof haar stem uit een andere ruimte kwam. "Valeria, doe je ogen open. Adem diep in en uit". Terwijl ik deed als ze vroeg voelde ik het verdriet langzaam zakken. Het was er nog steeds, maar steeds minder op de voorgrond.

"Heel goed, jij kan dit verdriet dragen Valeria. Jij bent ongelooflijk sterk". Ik keek haar voorzichtig aan. Haar woorden voelden bemoedigend. Nog nooit had iemand me 'toestemming' gegeven om verdrietig te zijn. Altijd probeerden mensen me zo snel mogelijk te troosten en af te leiden als er iets was.

Ik nam weer diep adem. Ik voelde dat er nog steeds tranen opkwamen, maar ik voelde me niet meer zo overmand. Ik was weer in het hier en nu.

"Probeer eens woorden te geven aan wat je net ervaarde", nodigde ze me uit.

Zachtjes snoot ik mijn neus voor ik begon te vertellen. "Ik was heel verdrietig omdat mijn moeder zo ontzettend boos op me was, terwijl ik zelfs nu niet kan begrijpen waarom". Er liep weer een traan over mijn wang. "Ik voelde die machteloosheid en onbegrip die ik als kind al voelde toen ze dit deed".

Ik keek haar aan. "Het is heel erg, wat je moeder toen gedaan heeft Valeria. Je hebt alle recht om je zo te voelen. Ongeacht wat een kind ook kan doen, mag je je kind nooit zo bedreigen", zei ze met de nadruk op 'nooit'. Een vreemd gevoel van veiligheid en me gehoord voelen verspreidde zich door mijn lichaam. Ik heb altijd al geweten dat ik die situatie heel heftig vond, maar ik heb er nooit bij stilgestaan hoe desastreus zo'n bedreiging is voor een kind, laat staan hoe desastreus dit was voor mij.

"Dit zo zeggen tegen een kind, is perfectionisme met de paplepel naar binnen gieten", zei de psycholoog terwijl ze me indringend aankeek. "Begrijp je dat?", vroeg ze.

Ik dacht na. De enige consequentie die ik me kon bedenken, was dat ik sindsdien altijd op mijn tenen ging lopen als ik merkte dat mijn moeder boos was, zelfs als het duidelijk was dat ze niet boos op mij was maar op iemand anders. "Niet echt eigenlijk", zei ik dus maar.

"Meestal straffen ouders om hun kinderen iets te leren", begon de psycholoog met haar uitleg. "In dit geval was de straf een dreigement van verlating, wat qua impact zo erg is als een doodsbedreiging voor een volwassene". Dat voelde waar, als ik terug dacht aan dat moment. Het voelde alsof ze me mijn leven ging afnemen. "En wat heb je geleerd van deze straf van doodsbedreigende impact?", vroeg ze retorisch. "Je hebt geleerd dat als je iets verkeerd doet, vooral als je niet eens begrijpt wat of waarom je iets verkeerd doet, daar gigantische consequenties aan hangen". Als een hert, die gevangen in de koplampen van een auto stilstond en de naderende conclusie dichterbij zag komen zat ik in de greep van haar verhaal. "En hoe kun je, als een vechter die je bent, hiermee omgaan?", vroeg ze wederom retorisch. "Door alles

wat je doet tot in de perfectie uit te voeren, want alleen dan
weet je zeker dat je het punt van 'goed genoeg' hebt
aangeraakt", gaf ze als antwoord op haar eigen vraag.
Er was niks anders meer in de ruimte dan ik, de psycholoog
en het inzicht dat we hier deelden. Het was alsof alle lucht en
al het licht de ruimte hadden verlaten, maar ik kon nog wel
ademen en haar zien.
"Een andere vraag. Hoe ga jij om met chaos? Wat is jouw
coping-strategie als je het gevoel hebt dat een uitkomst van
een bepaalde situatie, werk of prive, potentieel slecht is?"
vroeg de psycholoog.
Mijn gedachten gingen direct naar een ruzie afgelopen week
tussen James en zijn vader. James had met zijn handen in het
haar gezeten, niet wetende wat hij met de situatie aan moest.
Ik had een papier en een pen gepakt, en een gespreks strategie
uitgetekend.
"Wat ik doe, is structuur creëren, plannen maken. Op het werk
stop ik ook niet totdat ik zeker weet dat we goed op weg zijn.
Daarom vragen ze mij meestal om een initieel projectplan te
schrijven", zei ik terwijl ik voor me zag hoe ik op kantoor
achter mijn scherm een plan aan het tikken was. "Privé doe ik
dat eigenlijk ook. Een tijdje terug besloot ik dat ik 5 kilo
wilde afvallen. Daar had ik een heel sport en dieet plan voor
gemaakt, recente wetenschappelijke literatuur daarover
opgezocht enzo." Ik krabde aan het opdrogende zout op mijn
wang.
"Wat je noemt, zijn controle uitingen. Zou je dat zelf ook zo
noemen?" vroeg ze me.
Ik moest een beetje lachen. "Ik noem mezelf wel eens een
controlfreak ja".

Ze glimlachte begrijpend. "Perfectionisme en controle neigingen gaan hand in hand. Immers: zonder controle, geen perfect resultaat". Ik knikte om te laten zien dat ik dat had begrepen. "De volgende keer gaan we hier nog weer eens op terug pakken. Voor nu wil ik dit wat we net hebben besproken weer koppelen met het verhaal over je werk, waarmee je binnenkwam."

Ik nam een slokje water en ging weer wat rechter zitten als voorbereiding op deze omschakeling. "Oke", zei ik om aan te geven dat ik er klaar voor was.

Ze begon. "In de tweede situatie, met de manager die zo slecht naar het team communiceerde, nam jij het op je om er iets mee te doen, toch?" Ik knikte.

"Was het jouw taak, om dat hier te doen?" vroeg ze. Ik dacht kritisch na. Hoewel ik destijds stellig van mening was dat ik er iets aan wilde doen, voelde ik in een hoekje ergens iets knagen. Ik deed het wel en ik wilde het doen, maar was het aan mij? Als ik 'mijn wil om het te doen' opzij schoof en deed alsof het om iemand anders ging, merkte ik een gevoel van 'nee' steeds groter worden. "Nou, niet per se, ik nam die taak wel echt vrijwillig op me" zei ik voorzichtig. "Precies." Zei de psycholoog. "En niets doen is ook een keuze. De verantwoordelijkheid van een goed eindproduct ligt uiteindelijk in de handen van de manager en eventueel haar senioren. Het mag ook een keer fout gaan, het is niet alsof er anders mensen zouden sterven."

Hier dacht ik even overna. Ze had eigenlijk ook helemaal gelijk. Hoewel ik graag alles doe wat ik kan, betekent dat niet dat ik alles zou moeten doen die ik kan. Diep van binnen voelde ik dat de echte reden dat ik iets deed met de situatie, was dat ik bang was voor wat er zou gebeuren als het project

toch niet op tijd een fantastisch eindproduct zou afleveren.
Het was een perfectionistische keuze, gedaan omdat ik geen
vertrouwen had dat we anders zonder kleerscheuren door het
project zouden komen.
Ho-ly. Shit.

Ik knipperde met mijn ogen en werd me weer bewust van
mijn omgeving. In de verte hoorde ik het geluid van pratende
mensen en spelende honden. Jeetje… het was me wat, die
psycholoog sessies. Ik voelde het gewicht ervan in mijn
lichaam. Langzaam stond ik op om het pad te bewandelen
terug naar mijn auto. Ik keek op mijn horloge, 16:05 zag ik
staan. Ik voelde aan mijn maag dat mijn lichte lunch
inderdaad al vier uur geleden was. Ik heb gewoon een uur in
het bos liggen bijkomen, besefte ik me, terwijl ik met de
sleutel de deur openmaakte. "Ik hoop dat James extra veel
pasta maakt vanavond", zei ik hardop tegen mezelf terwijl ik
wegreed van de parkeerplaats.

Niet zo wijnig ook

"Dames, wat kan ik voor jullie inschenken?", vroeg de ober met een enthousiaste glimlach. Ik keek naar mijn vriendinnen. We zaten op een rustig terras van een cafe aan de buitenrand van het centrum. Alledrie waren we onbekommerd over hoe andere mensen rond dit tijdstip van de dag begonnen aan hun eerste biertje of glaasje wijn en onbeschaamd bestelden we drie lavendeltheetjes.
"Dus, vertel op!", zei Veerle tegen me. Ze keken me allebei verwachtingsvol aan. Ik nam in stilte een seconde de tijd om mijn vriendinnen te waarderen.
Veerle en Julie waren een van de weinige mensen in mijn leven die me echt zagen voor wie ik ben, zonder enige verwachting dat ik me op een bepaalde manier zou gedragen of sociaal gedicteerde mijlpalen in mijn leven zou najagen. Genietend van de warme zon op mijn gezicht, zag ik hoe de zon ook hun haar en gezichten verlichtte en een dankbare glimlach speelde om de hoeken van mijn mond.
"Je hebt al een 'echte' afspraak met de psycholoog gehad toch?" vroeg Julie terwijl ze bijna dramatisch met haar vingers aanhalingstekens in de lucht maakte bij het woord 'echt'.
"Ja klopt", antwoordde ik. "De intake als wel de eerste afspraak van het traject waren allebei best wel diepgaand". Ik voelde een frons op mijn voorhoofd ontstaan terwijl ik terugdacht aan die twee afspraken. Vandaag was precies een week na de eerste afspraak van het traject, die ik had afgesloten met een flinke sessie bijkomen in het bos. "Tja, waar moet ik beginnen?" zei ik meer tegen mezelf dan tegen

mijn vriendinnen. "De laatste keer was zo intens dat ik bijna
twee uur in het bos naast haar praktijk heb liggen bijkomen",
zei ik half grinnikend.
"Wow, dat is wel heftig voor een eerste afspraak!", zei Veerle
terwijl haar verrrastheid theatraal op haar gezicht te lezen viel.
Veerle heeft tijdens haar jeugd bijna tien jaar theaterschool
gedaan en dat is tot op de dag van vandaag nog te merken in
alledaagse interacties. "Ja, geen idee", zei ik. "Ik ben nooit
eerder bij een psycholoog geweest dus ik had geen idee wat ik
kon verwachten", legde ik uit.

Ik dacht terug aan de dag voor het intake-gesprek. Ik had me
de hele dag al een beetje gespannen gevoeld, alsof mijn
lichaam de dag erna al aan het anticiperen was. Tijdens een
rondje wandelen merkte ik dat ik eigenlijk helemaal geen zin
had om me kwetsbaar op te stellen, bang voor de pijn die dat
met zich mee zou brengen.
Toen ik tijdens het avondeten compleet verzonken in
gedachten met mijn vork hetzelfde stukje broccoli zo vaak
heen en weer had zitten schuiven dat al mijn eten ondertussen
al koud was geworden, greep James opeens de hand vast waar
ik mijn vork in had geklemd.
"Val, kom op. Vertel me wat er in je hoofd omgaat", zei hij
indringend maar liefdevol. Ik keek hem aan met tranen in
mijn ogen. "Wat nou als ze me niet begrijpt? Wat nou als ik
slimmer ben dan de psycholoog?", gooide ik eruit alsof de
woorden de hele maaltijd lang al naar buiten hadden willen
komen. Ik stak het stukje broccoli eindelijk in mijn mond, me
vaag bewust van de smaak. "Lieverd, het enige wat jij hoeft te
doen is eerlijk zijn. Je gaat er het meeste uithalen als je niks
verbergt, als je geen spelletjes speelt", zei hij terwijl hij

voorover leunde om er zeker van te zijn dat ik hem aankeek
terwijl hij me dit vertelde.

Ik keek mijn vriendinnen weer aan. "Het was zo heftig omdat
het zo effectief was denk ik", zei ik overpeinzend. "Ik had het
de avond voor de intake met James gehad over mijn zorgen
dat ik niet echt een goeie klik met de psycholoog zou hebben.
Uiteindelijk besloot ik na ons gesprek dat ik het me voor zou
nemen om 'radicaal eerlijk' te zijn, zodat ik er het meeste uit
zou halen."
Ik vervolgde mijn verhaal met een voorbeeld. "Ergens midden
in ons eerste traject-gesprek hadden we het een gegeven
moment over hoe mijn jeugd was tussen de leeftijd 6 en 12.
Ze vroeg naar de relatie met mijn moeder en bijna uit het niets
kwam er een herinnering naar boven waar ik tot dat punt nooit
meer aan gedacht had. Ik was een jaar of 5, en ik had iets
stouts gedaan want mama was heel erg boos op me. Ze zei dat
als ik niet zou gaan luisteren ze me naar een kindertehuis zou
sturen en ik mama en papa nooit meer zou zien."

Ik liet een stilte vallen omdat ik wist dat dit niet licht
verteerbare kost was.
Twee verbouwereerde gezichten lieten me de emotie zien die
ik zelf nog niet kon voelen bij deze herinnering. Ik wist dat
het erg was, maar behalve tijdens de sessie bij de psycholoog
had ik nog moeite om mijn emoties te betrekken bij deze
herinnering. 'Zelfbescherming', zou de psycholoog het vast
noemen.

"Drie lavendeltheetjes!", kondigde de vrolijke ober aan toen
hij bij onze tafel kwam staan. Hij zette de theetjes neer en leek

even te kijken of het wel goed ging toen geen van ons direct op hem reageerde. Glimlachend keek ik hem aan en bedankte hem.

"Wat erg…", zei Veerle alsof de situatie met de ober niet eens was voorgevallen. "En toen!?", vroeg ze refererend aan de rest van het gesprek met de psycholoog.

"Nou, toen dwong ze me eigenlijk om stil te staan bij hoe ik me daarbij voelde", zei ik. Ik dacht terug aan hoe het zout van mijn opgedroogde tranen kriebelde op mijn wangen.

"Lichamelijk voelde het alsof iemand een riem om mijn hart heel erg hard strak trok. Het was alsof een tsunami van verdriet over me heen kwam en ik moest opeens heel hard huilen. Het leek echt alsof het verdriet nooit meer zou ophouden, maar ze haalde me eruit met ademhalingsoefeningen." Ik ademde diep in en uit, bijna als reflex op het vertellen van dit verhaal. Mijn vriendinnen keken me geëmotioneerd aan. Ik nam een slokje van mijn thee en begon te vertellen over hoe de psycholoog had uitgelegd hoe dit een zaadje voor mijn perfectionistische patronen is geweest.

"Wat een leip verhaal", zei Juul nadat ik was uitgesproken. Het voelde goed om te merken dat zij ook begrepen hoe die herinnering en mijn perfectionisme aan elkaar gekoppeld waren. Het was zo absurd om te beseffen, dat het aardend voelde om dit met ze te delen.

"De psycholoog had ook uitgelegd hoe perfectionisme en controle neigingen eigenlijk hand in hand samen gaan. Ze had aan het eind van de sessie ook nog gevraagd naar mijn relatie met eten omdat veel vrouwen die hier last van hebben, vaak ook last hebben van eetproblemen."

"En?", vroeg Veerle. Ik voelde me beschaamd om hier verder over te vertellen. Aarzelend begon ik mijn antwoord. "Nou, ik heb wel altijd al gehad dat ik er alles aan deed om slank te zijn en te blijven. Nadat ik op mijn 18e gestopt was met hockey merkte ik dat ik minder moest eten om even slank te blijven. Ik heb in de eerste jaren van mijn studie altijd geluncht met fruit en maximaal 1 sneetje brood of 1 mueslireep daarnaast. En als ik een cappuccino wilde in de middag, sloeg ik dat broodje over omdat ik al iets rijk aan calorieën had gehad." Geschokt keken ze me aan. Het leek erop dat 'geschokt' en 'verbouwereerd' de thema's van de dag waren.

"Daar heb ik eigenlijk nooit zo bij stil gestaan", zei Juul. "Het viel me wel op dat je veel fruit at, maar daar heb ik nooit vanuit dit perspectief over nagedacht", vulde ze aan.

De ober kwam weer langs onze tafel. "Willen jullie nog een theetje?", vroeg hij terwijl hij onze lege theeglazen op zijn dienblad zette.

"Nou, doe maar een flesje wijn!", antwoordde Veerle lachend. "We hebben een lekkere witte Portugese wijn op de wisselkaart staan die ik sterk zou aanraden. Heeft geen bubbels, maar wel een licht mousserend gevoel op de tong", beschreef de jongen enthousiast. "Doe maar! Met 3 glazen alsjeblieft", antwoordde ik lachend.

Veerle keek me weer aan toen de ober weg was gelopen. "Heb je ook iets van opdrachten meegekregen?", vroeg ze.

In gedachten zag ik de drie post-it's voor me die ik op mijn bureau had geplakt, waarop elk een huiswerkopdracht stond. "Jehp", zei ik terwijl de ober alweer terug was met de fles wijn en 3 glazen. Ik wachtte even met verder vertellen tot de glazen ingeschonken waren en de ober weer uit gehoorafstand verdwenen was. "Ik moet een brief schrijven aan mijn

moeder, waarin ik compleet eerlijk en alleen vanuit emotie
haar aanspreek. Ik hoef en ga hem zeker niet opsturen, maar
het is een oefening om mijn emoties te erkennen en de ruimte
te geven zodat ik mijn traumas kan verwerken. Daarnaast
moet ik oefenen met mijn perfectionisme los te laten door een
taak te bedenken, die op te splitsen en te verspreiden over een
aantal dagen," legde ik uit.
"Wat voor soort taak dan?" vroeg Veerle.
"Bijvoorbeeld de keuken schoonmaken. Normaal zou ik alles
in 1 middag proberen te stoppen, maar als je een grondige
schoonmaak doet en bijvoorbeeld ook de oven en koelkast
meeneemt, ben je wel wat langer dan een middagje bezig. Het
is me wel vaker overkomen dat ik pas om 11 uur 's avonds
ging eten omdat ik per se eerst de keuken afgemaakt wilde
hebben, maar daarmee ga je eigenlijk over je eigen grenzen
heen" zei ik, terwijl ik voor me uit in de leegte staarde. "Als
ik mezelf over die grenzen laat gaan, hoe kan ik dan anderen
tegenhouden over mijn grenzen te gaan?" hoorde ik mezelf
zeggen. De meiden keken me serieus aan. "Goed punt", zei
Juul. "Daar ga ik ook eens op letten, want ik merk vaak op het
werk dat ik wat langer blijf omdat ik naast mijn eigen taken
vaak ook nog iemand anders heb geholpen die dag", voegde
ze toe terwijl er een frons op haar voorhoofd verscheen.
Ik keek naar mijn glas wijn en merkte dat ik mentaal uitgeput
begon te raken.
"Hmm, zouden vrouwen daar vaker last van hebben dan
mannen?" verwonderde Veerle zich hardop. Ook zij leek
gefixeerd op een punt in de verte terwijl ze dit zei. Grappig,
volgens mij hebben we alledrie dat trekje om serieus in de
verte te staren terwijl we nadenken, ook midden in
gesprekken.

"Ik heb geen idee", antwoordde ik op Veerle's haast filosofische vraag, waarop Juul aanhaakte. "Ik kan me er wel echt iets bij voorstellen. Ik heb in elk geval het idee dat je vaker bij vrouwen ziet dat ze zichzelf wegcijferen voor iemand anders dan bij mannen, maar dat kan natuurlijk ook gewoon alleen in mijn belevingswereld zijn." Ze begon met een plukje haar te spelen. "Wat was trouwens die derde opdracht?" vroeg ze vervolgens terwijl ze me weer recht aankeek. "Journallen!", zei ik blijer dan ik had verwacht. Ik vond die ook het minst erg, want in vergelijking met de andere twee opdrachten voelde dit veel laagdrempeliger. We waren even alledrie stil, terwijl het gesprek op ons inwerkte. Ik keek naar de tafel met de nog onaangeraakte glazen die de ober netjes had gevuld voordat hij weer wegging.

Juul pakte haar glas vast bij de steel, en hield hem omhoog. "Nou jongens, wat een gesprek weer! Ik ben blij dat we dit hebben kunnen delen. Hoe zei je dat ook alweer Valeria, iets met eerlijkheid?"

"Radicaal eerlijk zijn", antwoordde ik grinnikend.

"Nou proost dan, op radicaal eerlijk zijn!"

Lieve mama

🎵 How you remind me - Nickleback

Februari, 2023.

Ik zuchtte diep. Geërgerd wreef ik met mijn vingers over mijn
wenkbrauwen in een poging de spanning uit mijn voorhoofd
te masseren.
Het word documentje dat ik had geopend was nog steeds leeg
en volgens het klokje onderin mijn scherm was dat al ruim
een kwartier zo.
Ik dacht dat het makkelijk zou zijn om de huiswerkbrief aan
mijn moeder te schrijven, zeker omdat ik die toch niet op zou
sturen. Toch stond er nog geen letter op papier. Ik stond op en
stapte van mijn bureau vandaan en liep naar de keuken om
dan maar koffie te zetten. James was zo te horen aan het
gamen toen ik vragend om het hoekje keek. 'Ik ook koffie',
playbackte hij zonder woorden naar me.
Verloren in gedachtes rommelde ik in de keuken met het
koffieapparaat tot er opeens twee armen me van achteren
omhelsden.
"Hoe gaat de brief?", vroeg James voor hij zijn kin op mijn
hoofd liet rusten. Zuchtend voelde ik mijn lichaam
ontspannen in zijn omhelzing.
"Minder goed dan gehoopt", antwoordde ik. In stilte keken we
naar de koffie die ongehaast onze kopjes vulde. Vlak voordat
ik aan mijn baan begonnen was, had ik een nieuwe bureau
aangeschaft. Toen ik van mijn baas geld kreeg om mijn
werkplek thuis te upgraden, besloot ik daarom om van dat

geld een nieuw koffiezet apparaat aan te schaffen. In het begin was ik ontzettend blij geweest met die aanschaf, maar nu in het licht van mijn huidige taak kon zelfs het prachtige apparaat der levenselixer me geen troost bieden. Ik pakte de warme kopjes en gaf er eentje van aan James, die nu met zijn rug tegen het aanrechtblad aanleunde.

"James, ik krijg geen woord op papier. Ik heb zoveel te zeggen, maar ik lijk niet te weten waar te beginnen. Telkens als er iets in me opkomt, verdwijnt dat idee weer zodra ik wil beginnen met typen". Zonder bewust te zijn van wat ik deed blies ik iets te hard op mijn koffie waardoor het cremalaag op mijn vingers terecht kwam. Geïrriteerd likte ik ze af. Toen ik mijn hoofd omhoog tilde om James weer aan te kijken, zag ik dat hij intens naar mijn handelingen aan het kijken was. "Val, je bent er niet bij", zei hij bruusk met zijn ogen nog op mijn vingers gericht. "Wat bedoel je?", vroeg ik verrast.

"Val, je bent totaal niet in het hier en nu. Ik zag je bezig in de keuken en het was net alsof ik naar een robot aan het kijken was. Je zou een cult kunnen starten met hoe gepassioneerd jij je koffie kunt aanbidden, maar zojuist zag ik jou je geliefde cremalaagje uit je kopje blazen. Ik denk dat het niet lukt met je brief omdat je niet bij je hart bent."

Zijn woorden voelden als een klap in mijn gezicht. Niet omdat het gemeen was, maar omdat het waar was. Telkens als ik wilde beginnen met schrijven voelde ik een beklemmende druk en voor ik het wist waren de woorden me alweer ontvlogen. Tranen prikten in mijn ogen en ik zag James zakdoekjes uit de la pakken. Nadat hij me er eentje had aangegeven drukte hij een liefdevolle kus op mijn voorhoofd. "Heb je überhaupt zakdoekjes op je bureau liggen?", vroeg hij vervolgens.

"Nee, hoezo?", antwoordde ik terwijl ik probeerde de tranen
met het doekje op te vangen voordat ze de mascara over mijn
wangen konden laten lopen. Zuchtend zette hij zijn lege kopje
neer op aanrecht om vervolgens weer mijn zijn hazelkleurige
ogen mijn ziel te doorboren. "Val, je gaat een brief schrijven
aan je moeder waarin je volledig open en zonder iets goed te
praten gaat vertellen over dingen waar je vroeger heel erg mee
zat. Dingen, waarover je vroeger niet kon vertellen omdat jij
je blijkbaar niet veilig genoeg voelde. Dat gaat ongetwijfeld
heel erg veel pijn en verdriet opwekken." James liet enkele
seconden een stilte vallen voor de genadeklap. "Val, jij bent
een van de slimste, meest doordachte personen die ik ken. Als
je niet eens zakdoekjes hebt klaargelegd, zegt dat mij dat je je
niet echt hebt voorbereid op wat er komen gaat."
Ik was met stomheid geslagen. Ik voelde elk woord
binnenkomen en resoneren. Hoe kon hij de spijker zo op zijn
kop slaan door alleen maar te kijken naar hoe ik omging met
de koffie terwijl ik hier de hele tijd mijn hoofd al over aan het
breken was!?
Ik voelde dat mijn mond open had gehangen toen ik wilde
beginnen met praten. "Heh..." was alles wat ik eruit geperst
kreeg voor ik in lachen uit barstte. "Oh mijn god, sinds
wanneer ben jij zo wijs geworden?", vroeg ik toen ik weer op
adem was gekomen. Tot mijn opluchting was James ook aan
het grinniken. "Geen idee, lief. Eerlijk gezegd voelde dit voor
mij ook als een schot in het donker".
Waarderend keek ik naar zijn gezicht, en ik voelde opeens hoe
ik voor hem voor het eerst vandaag 'echt' zag, alsof er een vies
raam voor mijn ogen had gezeten.
Ik sloot mijn ogen en ademde diep in. Ik rook opeens de
chocoladige aromas van mijn ondertussen leeggedronken

kopje koffie. In de verte hoorde ik een auto optrekken in de straat en voelde ik hoe een koele windvlaag door het raam naar binnen kwam. Ik liet het gesprek met James op me inwerken en liet de liefde waarmee hij tot me had gesproken me vanbinnen verwarmen. Toen ik mijn ogen open deed voelde ik een glimlach op mijn gezicht verschijnen.
"Ik denk dat je gelijk hebt", zei ik terwijl ik een rust over me voelde dalen. James trok me in een knuffel. "Je kunt het Val". Pak die zakdoekjes, ga voor je scherm zitten en open je hart. Het gaat pijn doen, maar hierdoor geef je jezelf wel de kans om oude wonden goed te laten helen."
Het geluid van een discord oproep bracht ons weer naar de realiteit. "Die moet ik opnemen. Succes Val! Je kunt het".

Wat zijn emoties

🎵 Love in the dark - Adele

Ik staarde voor me uit door het raam van de praktijk terwijl de
psycholoog mijn brief aan het lezen was. Ik durfde niet haar
kant op te kijken terwijl ze las, dus in plaats daarvan focuste
ik op de ritselende blaadjes aan de boom die voor de praktijk
stond. Een Amerikaanse eikenboom, zo te zien. Ik hoorde hoe
ze het blaadje waar ik mijn brief op had geprint voor zich
neerlegde op het bureau. Een zacht krakend geluid trok mijn
aandacht, en ik keek haar kant op. Ze had een tissue gepakt
die ze nu voor me voor mijn gezicht hield. "Hier", was het
enkele woord wat ze zei. Verdoofd en niet helemaal
begrijpend wat er gebeurde, pakte ik de tissue aan. Ik werd me
bewust van de stijfheid in mijn vingers, en ik zag de
nagelafdrukken in mijn handen staan. Ik had blijkbaar mijn
handen in vuisten geknepen in mijn ijdele poging om mezelf
te verdoven terwijl ze de brief las.
Ik voelde mijn ogen prikken, en ik merkte dat mijn wangen
nat waren van de tranen.
Aha. Daar was de tissue voor.
"Valeria, wat ontzettend dapper van je dat je deze brief hebt
geschreven. En wat heftig ook, al die verhalen die je erin hebt
aangestipt."
Ik nam een slokje van mijn water terwijl ik zo onopvallend
mogelijk mijn neus probeerde te snuiten.
Ik sloot mijn ogen terwijl de tranen bleven lopen. Ik dacht aan
mijn brief.

Merla.

Weet je nog dat je vroeger wel eens tegen me zei dat als ik niet luisterde, dat je me naar een kindertehuis zou brengen en ik jou en papa dan nooit meer zou zien? What. the. fuck. !!??

Ik voel me verlamd. Verlamd door pijn, verlamd door ongeloof. Ik neem het je niet kwalijk omdat ik kan begrijpen dat dingen consequenties van andere dingen zijn. Ik kan begrijpen, dat jij ook maar handelde naar het beste van je kunnen.

Mama, jij bent de sterkste persoon die ik ken, maar het is godverdomme niet verantwoord om je kind van 4 te bedreigen naar een kindertehuis te sturen, je kind van 5 te dwingen een hele pan eten op te eten, je kind van 16 dreigen vast te ketenen en het leven zuur te maken, dagenlang je kind de silent treatment te geven, of je kind te gebruiken als klankbord voor hoe disfunctioneel je relatie is. Hoe kan ik een ongezonde relatie herkennen als zodanig als ik de relaties in ons gezin als voorbeeld heb moeten hebben?
God knows dat ik red flags heb genegeerd in mijn vorige relatie (en ik kan huilen van blijdschap dat ik daar uit ben) omdat hij me veiliger liet voelen dan hoe ik me thuis voelde.

Het is al niet oke hoe je elk jaar loopt te kankeren als we je verjaardag of moederdag willen vieren, het kan nooit goed zijn voor jou. Maar geen van deze dingen draaien eigenlijk om ons. Want er is niks wat dit soort reacties rechtvaardigt. Jij doet zo omdat je problemen hebt in jezelf, met jezelf, maar in

*plaats van ze aan te kijken en jezelf te verbeteren, projecteer
jij je pijn op anderen.*

*Ik ben nog nooit zo boos op je geweest, sterker nog, ik denk
niet dat ik ooit echt boos op je ben geweest. Jaaaaren lang,
heb ik mezelf weggecijferd om maar te overleven in het gezin.
Jarenlang, stond ik op high alert zodat als jij thuiskwam van
werk in een of andere boze klote bui, ik op mijn tenen om je
heen kon dansen zodat ik de schade voor de rest van het gezin
kon mitigeren.*

*Godsamme ik heb een paniekaanval gehad omdat ik een keer
een bord pasta op de grond heb laten vallen terwijl jij op werk
was. Ik kon dat papa en Sem niet laten merken dus at ik mijn
paniek op tot ik me kon terugtrekken in mijn kamer. Jij roept
wel eens dat jij mij kent. Ik beloof je dat het enige is van mij
dat je kent, een lelijk en oppervlakkig omhulsel is van wie ik
echt ben. Anders claimen zou als een belediging naar mezelf
voelen.*

*Ik wilde deze brief laten beginnen met de aanhef 'lieve
mama', maar de gal die dreigt omhoog te komen bij alleen al
aan het denken van die woorden als boodschap aan jou
weerhoudt me ervan. Begrijp me niet verkeerd, 'lieve mama',
we hebben ook hele mooie en fijne tijden samen gehad. Maar
deze brief is een ode aan een aspect van mij die je nog nooit
hebt gezien, die ik je nog nooit heb laten zien uit angst. Ik ben
jarenlang zo ontiegelijk bang geweest, bang voor jouw
'straffen', maar vooral bang om je kwijt te raken.*

*Het gaat misschien nog even duren, maar over een tijdje gaan
je silent-treatments, drogredenaties en emotionele manipulatie
geen vat meer op me hebben. Ik wil niet meer in angst leven*

en ik ga een manier vinden om me los te koppelen van deze
kant van jou. Ik wil leven.
Het spijt me niet.

Ik hou van je.

Valeria.

"Is het niet erg, dat ik zulke dingen denk?" vroeg ik met een flinke brok in mijn keel. Ik opende mijn ogen en zag de psycholoog kalm glimlachen. "Nee, Valeria." zei ze.
"Sterker nog, het is essentieel om deze emoties toe te laten omdat je deze trauma's anders nooit kunt verwerken en een plaatsje kunt geven."
Ik keek naar mijn schoenen. Ik had zwart leren laarsjes aan met krassen op de neus waarvan ik geen idee had hoe die daar kwamen.
"Weet je," begon de psycholoog, "dat je woorden hebt gegeven aan deze emoties, betekent niet dat je nu voor altijd boos zult zijn op je moeder."
Dat trok mijn aandacht, en mijn ogen vonden de hare op het moment dat ze haar zin vervolgde. "Sterker nog, ik denk dat jij over een veel korter tijdje dan jij zelf nu denkt, weer gezellig met haar op de bank kunt zitten als dat iets is wat jij wilt."
Dat volgde ik niet. Ik voelde me zo, zo ontzettend boos, verdrietig, gepijnigd. Waarom zou ik gezellig samen op de bank willen zitten met iemand die me dit aan deed?
"Ik denk eerder dat ik haar nooit meer wil spreken", gaf ik schoorvoetend toe. Geschokt keek ik naar haar nog steeds kalme glimlach. Ik zei net toch iets heel ergs?

"Als jij besluit dat je haar niet wil spreken, dan mag dat",
begon ze. "En als je na een tijdje besluit de optie van een
relatie open te houden, dan mag dat ook."

"Maar welk pad je ook kiest, om je hier doorheen te werken
moet je door de fasen van rouw heen: ongeloof, ontkenning,
woede, onderhandelen, schuldgevoel, depressie en
acceptatie." Haar ogen rustten op mijn handen die
aantekeningen aan het maken waren in mijn notitieboekje.
"Kan ik dat hacken?", vroeg ik vanuit spontane interesse.
Daarvan schoot ze hardop in de lach. "De truc zit hem in
emoties leren toestaan."
"Je kunt het proces inderdaad een zetje geven door
bijvoorbeeld zo'n schrijfoefening te doen zoals wij deden,
maar je moet goed begrijpen dat je emoties niet weg kunt
rationaliseren. Ze moeten gevoeld worden en dat kan
bijzonder oncomfortabel zijn. Soms zal het voelen alsof de
aarde onder je wegvalt, maar je moet onthouden dat je altijd
veiligheid in jezelf kunt vinden. Alles is vergankelijk, Valeria,
zo ook emoties. Hoe meer je emoties toe laat in je leven, hoe
bedrevener je wordt in ze beheersen. Je zult zien dat emoties
je leven verrijken, en ze niet hier zijn om je te straffen."
Wow. Dit besef zal waarschijnlijk wel 2 weken nodig hebben
om volledig in te dalen, dacht ik bitter.

"Hoe is het met de andere huiswerkopdrachten gegaan?"
vroeg ze met een kalmte waar monniken 'u' tegen zouden
zeggen.
Ik krabde aan het opgedroogde zout op mijn wangen terwijl ik
verslag deed van mijn week. "Ik eehrm.. heb een journal
gekocht, maar ik wist eigenlijk niet zo goed wat ik moest

schrijven. Verder heb ik huishoudelijke klusjes steeds geprobeerd te spreiden over meerdere momenten. Een hele simpele opdracht die ik oprecht heb onderschat!" zei ik lachend.

Gelukkig kan ik tenminste nog om mezelf lachen. "Ik vond het serieus best wel moeilijk, maar ben er wel trots op dat ik me uiteindelijk niet heb laten verslaan door mijn perfectionisme."

"Wat goed!", zei ze. "Het klinkt misschien als een lullig kleine stap om de afwas in delen te doen, maar het begint met dit soort kleine stapjes. Zoals je hebt gemerkt kan zelfs zo'n kleine opdracht voor een perfectionist al heel erg lastig zijn, dus je mag zeker trots zijn op jezelf!", zei ze met een grote glimlach. Ik voelde een warm gevoel ontstaan in mijn borst dat zich door mijn lichaam verspreidde. Ik voelde me ook echt trots, en doordat ze dit zo zei voelde het alsof ik ook echt trots 'mocht' zijn. Ik beantwoordde haar woorden met een glimlach.

"Ik wil je weer huiswerk voor de volgende keer meegeven. Ik stel voor dat je een brief aan je kind zelf gaat schrijven." Verrast keek ik haar aan. "Aan mijn kind zelf? Over wat? En welke leeftijd hebben we het over?" Een geamuseerde glimlach trok haar mondhoeken omhoog. "Inderdaad, aan je kind zelf." Antwoorde ze. "Je mag zelf de leeftijd bepalen en wat het onderwerp is waarover je wilt schrijven. Het kan zijn dat je haar iets wil vertellen, of advies wil geven. Het kan zijn dat je haar wil laten weten dat ze niet alleen is. Kijk maar gewoon wat er tot je komt".

Ik schreef het in mijn notitieboekje. 'Brief aan kind zelf schrijven'. Dat is nou niet iets wat ik verwachtte op te schrijven in een to-do lijst.

"Valeria, toen je deze brief aan je moeder schreef, wat voelde je toen?"
Ik dacht terug aan de betreffende ellendige middag. Na het gesprek met James in de keuken had het me nog minstens een half uur aan gaan zitten, opstaan, ijsberen en geërgerde kreten gekost voordat het me lukte om met laptop op schoot op de bank te gaan zitten om te schrijven. "Ik dacht aan ons gesprek over dat mama vroeger dreigde me naar een kindertehuis te brengen. Ik voelde me eerst heel erg verdrietig, zoals hoe ik me voelde in die herinnering. Tot ik me opeens vanuit een soort bovenaanzicht bewust werd van de situatie, toen voelde ik een boosheid opkomen! Hoe kan ze dat zeggen tegen een kind, tegen mij!??"
"Zo zul je het ongeveer ook moeten aanpakken met de brief aan je kind zelf. Laat de emotie maar eerst opkomen."

Lieve lezer

♫ Til it happens to you - Lady Gaga

Alles is kut. Hoe kom ik hier ooit nog uit?

Mag ik opgeven?

Ik zucht.
Wat gebeurt er met me?

Ik pak de rand van de tafel vast. Het voelt alsof mijn hoofd
gevuld zit met watten, alsof er dikke mist voor mijn ogen
hangt. Wie ben ik?
James is niet thuis en ik weet niet eens of ik er blij of
teleurgesteld om ben. Ik hou zoveel van die vent. Zijn
aanwezigheid is als warme zonnestralen die de sneeuw van
mijn ijzige ziel doen smelten.
Ik wil me vasthouden aan hem, mijn rots in de branding. De
constante in tijden waarin heel mijn wereld op de kop wordt
gegooid. Je denkt jezelf te kennen, te weten wie je bent, en
dan kom je erachter dat je een fuckton aan trauma's hebt.
Hoe voelt dat, vraag je me? Oh lezer. Het voelt alsof ik al die
tijd al bestuurd wordt door een marionettenspeler. Je hebt
geen idee dat je acties bepaald worden door je trauma's totdat
je ermee geconfronteerd wordt. Totdat iemand dapper genoeg
is om je een spiegel voor te houden. Ik hoor je sceptisch
opkijken van je boek. Je begrijpt het niet. Ik zal je een
voorbeeld geven.

Zo lang als ik me herinner, voel ik buikpijn als ik iets moet doen voor iemand anders en er gaat iets fout, wat dan ook. Ik was bang, bang om gestraft te worden. Hoe ik daarmee omging? Ik vond het de normaalste zaak van de wereld, ik vond het niet vreemd. Ik handelde naar die angst, schoot in perfectionisme. Was er al iets fout gegaan? Dan voelde ik me 'gewoon' heel erg slecht. Ik leefde in angst, ik leefde niet maar overleefde. Constant opzoek naar bevestiging dat ik goed genoeg was. Ik deed er alles voor. Ik was een topsporter, in alles wat ik deed. In een letterlijke sport, in mijn studies, in (bij)baantjes. Ik rondde een bachelor af aan de universiteit. Ik rondde een master af. Je zou zeggen dat dit mij bevestiging gaf dat ik goed genoeg was.

Ik ging werken, maar ging ik op zoek naar iets wat ik echt leuk vond? Nee, ik ging op zoek naar de beste werkgever. Van Nederland? Nee, van de wereld. Ik werd aangenomen. Hield ik daar op? Nee tuurlijk niet, wie denk je dat ik ben joh. Ik moest en zou de beste ratings krijgen, van collega's en klanten. Ik wilde de beste van de beste zijn. Ik was de beste van de beste. Gaf dat mij bevestiging? Ja. Ik had het gevoel dat ik het eindelijk gemaakt had, dat ik er was. De definitie van 'girlboss', nee, beter nog, minder seksistisch. Ik voelde mij de definitie van 'succesvol'.

Ik had het gevoel, dat ik eindelijk trots op mezelf mocht zijn, dat ik trots mocht zijn op wat ik aan het doen was.

Wat een fucking kaartenhuis was dat joh. Hoe kon ik mij zo voelen, terwijl ik diep vanbinnen altijd al heb geloofd dat mensen gelijk zijn, dat niemand beter is dan iemand anders. Hoe we dit noemen? Een interne strijd. Mijn idee van 'succesvol' zijn was niet verenigbaar met mijn diepe geloof, mijn interne waarde dat iedereen gelijk is. Dat iedereen

zijn/haar eigen pad heeft en dat geen paden vergelijkbaar zijn.
Als ik succesvol ben, betekent dat inherent dat iemand anders
niet succesvol is.
Is dat hoe ik wil leven? Is dat wat ik wil uitdragen? Wil ik
anderen het gevoel geven dat zij minder succesvol zijn dan ik?
Welkom lieve lezer, in de limbo. Welkom, in mijn existentiële
crisis.
Ik zal het voor je uitspellen voor het geval je de punten zelf
nog niet aan elkaar hebt geknoopt.
Als mijn trauma's het zaadje zijn van mijn perfectionisme, en
mijn perfectionisme het vuur is achter mijn drive om
succesvol te zijn, waar staat dat succes dan voor als eenmaal
behaald?

Als je niet op het antwoord komt, is dat precies het antwoord.
Het succes staat voor niks, het is leeg. Zoals de hypotheken in
Amerika vlak voor de grote financiële crisis: gebouwd op
gebakken lucht. En alles wat gebouwd wordt op lucht, stort
een keer ineen. En vandaag is mijn wereld ingestort.

Papa ou te?

🎵 Papaoutai - Stromae

Maart, 2023.

Ik zat op een bankje in de tuin die bij de praktijk hoorde. De psycholoog zat in een stoel ernaast, en was mijn laatste brief aan het lezen.
De brief die ik vorige week huilend op mijn knieen voor de spiegel schreef. Die dag, out of no-fucking-where, voelde het alsof alle lucht uit me was geslagen. Ik stond in de woonkamer en strompelde naar de slaapkamer, waar ik haast in trance voor de spiegel belandde. Geluidloze schreeuwen van pijn ontsnapten uit mijn borst, en op instinct hadden mijn handen toen een pen en een stuk papier gevonden.

Ik sloot mijn ogen om in gedachten de brief te lezen die de psycholoog nu in haar handen had.

Hoi pap,

Eindelijk is het zover, eindelijk vertel ik je hoe ik me voel.

Enkele maanden geleden voelde ik me op een willekeurige dag heel erg slecht. Slecht als in 'slecht in je vel zitten', maar dan ordegrootte kernbom. Ik moest verlof nemen, en begon aan een traject bij de psycholoog. Ik dacht dat het ging om problemen op het werk, maar in gesprek kwam ik erachter dat er hele andere dingen schuilden achter mijn problemen.

Huilend om een heel groot verdriet begon ik vandaag te schrijven in mijn dagboek. Ik schreef een brief aan mijn kind-zelf. Ik realiseerde me dat diep in mij, kind Valeria nog steeds wachtte op papa. In dat moment van diepe zelfreflectie, voelde alsof mijn papa ooit op een dag naar het werk ging maar 's avonds als een ander persoon thuiskwam.

Als ik terugdenk aan vroeger, en specifiek de fijne momenten met jou probeer op te halen, komen vooral herinneringen naar boven van tot mijn 6e. Herinneringen van voorgelezen worden in bed, herinneringen van ik die op het aanrecht zat te kijken terwijl jij stond te koken. Momenten waarbij we alleen samen waren, veilig van andere ogen, veilig van de buitenwereld. Weet je nog dat ik een keer cherrytomaatjes in de sinaasappelsap deed omdat ik zo graag iets speciaals wilde maken? Ik ben benieuwd waar jij allemaal zou denken.

Helaas, als ik terugdenk aan momenten die niet zo fijn waren, komt er best wel een grote golf op me af. Wat de meeste van dat soort herinneringen gemeen hebben, is dat het niet gaat om iets wat je wel deed, maar dat jij juist iets niet deed. En als ik dit zo van bovenaf evalueer, heb ik het idee dat dit omslagpunt kwam ergens na de geboorte van Sem. Om te beginnen, kan ik me vanaf dat tijdperk weinig momenten herinneren dat wij met z'n tweeën echt iets leuks hebben gedaan.
Heftige beelden schieten binnen van jou en mama die ruzie hebben. In de meeste is mama heel erg boos en wil ze heel graag iets bespreken, maar geef jij bijna nooit weerwoord. Altijd als dit soort dingen gebeurden, voelde ik zo ontzettend

*veel pijn en verdriet. Mama werd soms zo wanhopig dat ze
dreigde je te verlaten. Niet alleen voelde ik de emotie die uit
jullie gesprek kwam, maar voelde ik ook eigen emoties van
verdriet en machteloosheid. Maar voelde ik ook Sem's pijn,
wanneer ik hem in mijn armen nam om hem te troosten.
Ik denk ook aan de talloze keren, dat jij op ons moest passen
als mama naar het werk ging en de hel losbrak. Het klinkt zo
misschien overdreven, maar voor mij was het echt een hel.
Hoewel ik braaf gebukt ging onder het gewicht van alle
verantwoordelijkheden die jij liet schieten, zocht Sem
de grenzen op als Djenghis Khan die zijn rijk uitbreidt. Helaas
heb jij ons nooit laten zien wat grenzen zijn, hoe je die stelt en
verdedigt. Ik, als veel te intelligent en gevoelig kind probeerde
daarvoor te compenseren en Sem in het gareel te houden waar
jij gaten liet vallen.*

*Papa, waarom heb je jouw familie zo in de steek gelaten?
Waarom heb ik geleerd dat om hulp vragen taboe is?
Waarom.... ik zou zoveel waaroms kunnen invullen maar er
komt niks uir me, want dat is wat ik eigenlijk voel: niks. Waar
was je?*

*Ik wou dat je mij zelfstandigheid had geleerd. Ik je me had
geleerd hoe ik zelfstandig een gaatje in mijn fietsband kan
plakken, hoe je een autoband vervangt, hoe je verstandig met
financiën omgaat.
Ik wou dat, toen ik je tijdens mijn studie vertelde dat ik een
eigen bedrijfje wilde oprichten, je meer interesse toonde en
met me wilde sparren over allerlei vraagstukken die horen bij
het ondernemerschap, jij hebt toch een eigen onderneming
gehad??*

Waarom heb je me sinds ik op mezelf woon, nooit spontaan gebeld om te vragen hoe het ging? Ik wou dat je gewoon een keer op de hoogte was van mijn leven zodat je me een keer kon vragen hoe een bepaald gesprek ging, of met de vraag of mijn nieuwe werkgever wel goed voor mij zorgt. Ik wou dat je me af en toe een spiegel zou voorhouden en me zou dwingen tot een realisatie over mezelf die jij al voorzag. Ik wou dat je me af en toe waardevol zou laten voelen. Ik wou dat je, als je het gevoel zou hebben dat we door het leven uit elkaar groeien, de moeite zou nemen om te zoeken naar een gezamenlijke interesse en actief daarin iets zou gaan ondernemen. Waarom game je wel met Sem, maar doe je niks met mij? Waarom hebben wij niet zoiets samen?

Pap, wie ben jij eigenlijk? Hou je van spelletjes spelen? Hou je van filosofische gesprekken? Hou je van films? Is theater iets voor jou? Hou je van comedy? Hou je van nieuwe dingen leren of ontdekken? Hou je ook van klimmen? Lijkt het jou ook leuk om een keer te bungeejumpen? Zou je samen naar een lezing gaan? Ik weet helemaal niet wat jij zou doen als alles mogelijk was. Heb jij een droom die je nooit achterna bent gegaan? Hoe zou jouw dagelijks leven eruit zien als alles kon en mocht? Waar zou je wonen? Hou je van de zon of juist van sneeuw? Zou je elke dag koken, of juist voor je laten koken? Zouden relaties een belangrijkere rol spelen in jouw leven, of wil je juist rust van sociale gebeuren? Als je niet zo afhankelijk zou zijn van mama, zie je jezelf dan alleen leven of juist met iemand?

Waarom is onze relatie zo gestagneerd?

*Ik wou dat ik trots was op mijn vader. Voor nu, voel ik vooral
leegte. Ik hoop dat ik ooit kan focussen op wat er wel is, en
dat we een schone band kunnen opbouwen.*

V.

"Wauw, Valeria."

Pijn

April, 2023.

Ik hoor geritsel uit de woonkamer komen, en open langzaam
mijn ogen. James is al uit bed. Ik kijk op de klok, twaalf uur 's
middags. Ik heb lang geslapen, maar mijn lichaam voelt als
steen zo zwaar. Waarom ben ik nog steeds zo moe?
Waarom doet alles pijn? Ik heb toch niet gesport gisteren?
Ahh mijn hoofd! Alsof ik een fles goedkope vodka achterover
heb getikt voor het slapen gaan. Met moeite gooi ik een arm
opzij om mijn telefoon te grijpen, waar is dat ding?
Gefrustreerd trek ik de oplader eruit, pak mijn oortjes en open
netflix.
Het familiaire opstartgeluid van Netflix brengt me hoop op
rust. Ik moet nodig plassen, maar het idee om uit de veilige
cocon van mijn bed te stappen verstikt me.
Ik klik op verder kijken van mijn meest recent bekeken serie:
true blood. Als ik daar naar kijk voel ik me tenminste oke.

Ik ben team Eric, fuck Bill.

De aflevering is voorbij en we zijn 45 minuten verder. Nog
geen zin om uit bed te komen. Gelukkig is het een zaterdag.
Volgende aflevering.

Mijn zij begint pijn te doen, dus ik wissel mijn telefoon van
hand en ga op mijn andere zij liggen.

Volgende aflevering? Ja graag. Hoezo zit er nog steeds vodka
in mijn aderen en artritis in mijn gewrichten?

Mijn maag begint te rommelen en ik voel dat ik uitgedroogd
ben. Huh, is het al 16:00?
Fuuuuuck vanavond heb ik een feestje van mijn beste
vriendin.
Verslagen kijk ik naar het plafond. Als ik enigzins normaal op
het feestje wil aankomen, kan ik maar beter nu uit bed gaan.
In deze bui duurt alles 10 jaar en ik moet nog douchen, eten
en opfrissen.
Kom op Val.

Ik klim uit bed en strompel de badkamer in. Ik zet een krukje
onder de douche neer en laat het water warm lopen.
Ik ga zitten en verwelkom het warme water op mijn gevoelige
huid. Ik zucht diep, haren wassen…
Terwijl ik mijn ogen sluit en het sop uit mijn haar was voel ik
een scheur ontstaan in mijn buik en ik hap naar adem. Ik grijp
naar mijn borst, wat gebeurt er!?

Herinneringen stromen binnen. Ik, die zich als kind probeert
te verstoppen op haar kamer, weg van de boze geluiden in de
woonkamer. Ik, die buitengesloten werd door mama omdat ik
mijn kamer niet had opgeruimd. Ik, op de fiets met een
gigantische onzichtbare riem om mijn borst heen die steeds
strakker gaat zitten bij elke keer dat mama herhaalt dat 'als
het niet voor de kinderen was, ze al gescheiden was van
papa'.
Huilende Sem in mijn armen, ontroostbaar omdat papa en
mama ruzie hebben aan de keukentafel. Ik aan de keukentafel,

de dag nadat we terugkwamen van vakantie. Mama zegt dat
ze papa's gedrag niet meer kan hebben, papa die alles ontkent.
Ze praten in rondjes en mama wordt steeds bozer. Ik trek het
niet meer en begin me ermee te bemoeien, ze uit de spiraal te
trekken. Die lente was ik 12 geworden.
Oneindig veel doordeweekse dagen waarbij papa het niet voor
elkaar krijgt Sem achter de gameconsole vandaan te krijgen
om te gaan eten. Oneindig veel dagen waarbij ik vervolgens in
de ouderrol stap en Sem ervandaan trek en aan de eettafel zet.
Mama die wil weglopen van huis na een mental break-down.
Ik die op haar in blijf praten, lief, huilend, smekend. Ik geef
haar al het geld aan wat er nog in mijn minnie mouse
portemonnee zat: 5 euro. Zodat ze tenminste eten voor
zichzelf kan halen als ze alsnog besluit weg te gaan. Ze
breekt, en stort huilend in elkaar op haar bed. Ze belt haar
manager en ik hoor het woord 'burn-out' vallen. Ze belt papa
terwijl ik naast haar zit en haar aai. Ik hoor hem vragen of ze
het fijn vindt als hij eerder thuiskomt van werk, ze wijst het
gebaar af en zegt dat ze toch rust wil. Ik neem haar mee naar
de bank, zet de film 'Sisi, die junge kaiserin' aan en maak
thee voor ons. Ik kruip bij haar op de bank onder de deken en
samen kijken we in rust naar de film. Sem zit veilig op zijn
kamer. Hij had weer in zijn broek geplast. Ik zat in groep 7.
Waar is papa in mijn herinneringen? Waarom lijkt hij zich
achter mij te verschuilen? Ik noem hem 'papa' in mijn hoofd,
maar waarom voelt het alsof ik die rol heb vervuld?
Ik hoor de stem van mijn psycholoog tijdens onze meest
recente sessie. "Ik vind het niet gek dat je nog niet zit te
wachten op kinderen. Je hebt 18 jaar lang voor 4 kinderen
gezorgd."

Ik grijp de muur vast. De realisatie kickt in. Mijn linkerhand vindt haar weg naar mijn onderbuik, waar mijn baarmoeder zit. Leegte, ik voel leegte daar.

Ik denk aan James, aan lieve, zorgzame, vrolijke James. Hij wil graag kinderen, dat zei hij al op onze eerste date. Ik wist het nog niet.

Ik probeer me voor te stellen dat er onder mijn hand een leven ontstaat. Even voel ik een warme gloed door me heen gaan en ik voel mijn mondhoeken omhoog trekken, tot een scherpe pijn door mijn lichaam trekt en ik het uitschreeuw. Rauwe tranen vermengen zich met het douchewater en vinden hun weg naar de zee. Geluidloze schreeuwen golven uit mijn lichaam. Als een tsunami na een aardbeving stroomt het verdriet uit me, en maakt plaats voor boosheid. Ik sla mijn vuist rood op de muur terwijl mijn hoofd woorden geeft aan het begrip dat is ingedaald. Papa en mama hebben mijn vruchtbaarheid ontnomen.

Ik klap voorover van de pijn, mijn linkerarm om mijn middel geslagen, mijn rechter hand in een vuist gebald leunend tegen de muur zodat ik niet omval.

In mijn ooghoek verneem ik een James die binnenkomt en het beeld in zich opneemt. Druppels bloed druipen van mijn knokkels af en vermengen zich met het water. Hij pakt een handdoek, en reikt achter me om de douche uit te draaien. Hij wikkelt me in de handdoek en plant een kus op mijn kruin. Zachtjes manoeuvreert hij me de douche uit en laat me staan op de douchemat. Hij dept mijn lichaam af en pakt verband uit de lade voor mijn knokkels. Verdoofd neem ik alles na, alsof ik naar een scene uit een film kijk. Ik zie mezelf, maar ik voel niks.

Hij neemt me voorzichtig mee de woonkamer in.

Ik strompel achter hem aan tot ik niet meer kan en de tafel moet grijpen voor stabiliteit. "James", zeg ik met krakende stem. "Ja lief?"
Ik begin te huilen en zak door mijn knieën. "Het spijt me", weet ik eruit te persen terwijl ik weer overvallen word door golven van verdriet. James zakt op zijn hurken voor me neer. "James, ik voel me mentaal onvruchtbaar. Ik wil heel graag kinderen, een eigen gezin, maar als ik er alleen al aan denk gaat mijn lichaam op slot. Dit is mijn vruchtbaarheids trauma.", beken ik terwijl ik hem recht aankijk.
"Ik begrijp het als je niet met me verder wilt omdat ik niet zeker weet of ik überhaupt ooit kinderen kan krijgen", fluister ik met mijn laatste wilskracht.

Het wordt zwart voor mijn ogen.

Ik voel me geschommeld.

Ik voel pijn in mijn hele lichaam. Ik open mijn ogen op een kiertje en neem waar dat James me naar de slaapkamer tilt.
"Shhh, doe je ogen maar dicht, lieverd."
"Het komt allemaal goed, dat beloof ik. Ik ga nergens naartoe. Ik heb al lang geaccepteerd dat bij jou zijn, zou kunnen betekenen dat ik nooit kinderen zal hebben. Waar ben ik Val? Ik heb jou gekozen. Ga maar slapen lieverd."
En ik laat de duisternis me weer opslokken.

Raison d'être

Juni, 2023.

Ik staarde uit het raam van de kamer van de psycholoog. Ze was net de kamer uitgegaan om koffie te halen. "Het is wel maar simpele filterkoffie hoor", had ze met een knipoog gezegd. "Geen probleem hoor", had ik gezegd met dankbaarheid in mijn stem.

Ik dacht terug aan ons gesprek twee weken eerder.
"Kan ik ooit nog kinderen krijgen?", had ik haar huilend gevraagd nadat ik had verteld wat er onder de douche was gebeurd een week eerder. Mijn handen balden zich weer in vuisten, nagels afdrukken achterlatend in mijn palmen. Nog steeds maakte het me laaiend kwaad, dat ik als de dood was om kinderen te krijgen uit angst dat ze zich zouden voelen zoals ik me voelde in mijn jeugd: ongehoord, ongezien, begraven onder verantwoordelijkheid die niet van mij was, in de greep van verlatingsangst.
Nog steeds maakte het me laaiend kwaad, dat ik als kind in de derde ouder-positie werd gejaagd.
Maar het maakte me tot op het bot verdrietig, om te erkennen dat ik me mentaal onvruchtbaar voelde. Elke keer als ik probeerde te visualiseren hoe het eruit zou zien om kinderen te hebben, trekt een onzichtbare kracht al mijn ingewanden samen.
"Val," was alles wat ze zei om mijn aandacht te trekken.
Verrast doordat ze zo natuurlijk mijn bijnaam gebruikte, kon ik niet anders dan haar recht aankijken.

"Lieverd, wat jij moet doen is jezelf gaan zoeken."
Die zag ik niet helemaal aankomen, en ik voelde de vraag
over mijn gezicht trekken.
"Wanneer je op zoek gaat naar wie jij bent, wat jouw
authentieke pad is, zal alles op z'n plek vallen."
En zachte glimlach trok om haar lippen terwijl ze naar buiten
keek. "Wat je wil bereiken is het gevoel dat kinderen nemen
JOUW keuze is, niet die van je trauma's."
Ze keek me weer aan. "Een leven zonder eigen, biologische
kinderen kan net zo vervullend zijn als een leven met
kinderen. De mogelijkheden zijn eindeloos, geloof me, en
voor iedereen ziet 'een vervullend leven' er anders uit.
Uiteindelijk is het enige wat echt telt, dat je een authentiek
leven leidt wat in alignment is met wie jij bent."

Het kraken van de deur die open werd geduwd trok me uit
mijn gedachtes en in het heden. Ik ontspande mijn handen, en
nam even diep adem om te bedaren.
De psycholoog kwam binnen met twee kopjes koffie waarvan
ze er een in mijn handen drukte.
"Dus Val, ben je er klaar voor om je baas te vertellen dat je
voor jezelf gaat beginnen?"

De arena

"Wil je dood?", lieve lezer,

heeft iemand je dat ooit gevraagd?

Oktober, 2023.

Ik hoor een ritmisch gepiep in de achtergrond. Ik voel een
warme hand de mijne vasthouden, een duim die geruststellend
over de bovenkant van mijn hand wrijft. Ik adem diep in en
geniet nog even na van de post-slaap-high die ik voel.
"Volgens mij wordt ze wakker", hoor ik Juul's stem zeggen.
Wacht. Juul?
Mijn ogen schieten open en ik zie dat de hand die de mijne
vasthoudt bij Juul hoort. Haar gezicht is bleek, haar ogen rood
alsof ze heeft gehuild.
Achter haar zie ik Veerle, mijn moeder en Sem staan.
Langzaam daagt het me waar ik ben. Het ritmische gepiep, de
witte lakens, de geur van schoonmaakmiddel. In de arm
waarvan Juul mijn hand vasthoudt steekt een infuus.
"Sem, haal je vader. Ze is wakker", hoor ik mama met
opluchting in haar stem zeggen terwijl ik verbouwereerd om
me heen kijk.
Ik wil slikken, maar mijn keel doet pijn. Ik check de rest van
mijn lichaam. Geen gebroken benen zo te zien, maar mijn
lichaam voelt beurs op meer plekken dan ik op een hand tellen
kan. Ik til mijn vrije hand op om een pluk haar achter mijn oor
te stoppen en zie paars gele plekken op mijn pols.

Angst besluipt me.

"Juul?", zeg ik met trillende stem. "Waarom ben ik hier? Wat is er gebeurd?"

Een halve huil-lach ontsnapt haar lippen terwijl haar ogen overlopen. "Schat, je ligt in het ziekenhuis. Je bent oke, maar je bent op straat flauwgevallen waarbij je hoofd een flinke smak op de grond heeft gemaakt", zegt Juul rustig.

"Je was buiten bewustzijn en omstanders hebben de alarmdiensten gebeld, maar gelukkig heb je niks ernstigs behalve blauwe plekken", zegt mama terwijl ze zachtjes een hand op mijn been legt.

"Maar waarom zijn jullie dan allemaal hier?" vraag ik verward. Papa en mama moeten 3 uur rijden om naar mij te komen, en wie heeft ze überhaupt gebeld? En waarom?

Veerle legt een hand op Juul's schouder en ze wisselen een blik uit die ik niet begrijp. Mijn oog valt op de telefoon in Veerle's hand. Mijn telefoon.

Juul schraapt haar keel. "Val, misschien dat je door de klap niet meer weet wat er gebeurd is…"

"Dat er wat gebeurd is?", vraag ik terwijl ik paniek voel groeien in mijn maag.

Ondertussen is mijn vader binnengekomen met koffie, en duwt een bekertje in mijn handen. "Rustig Val, neem eerst maar eens een slokje koffie. Alles is goed nu en we willen je alles vertellen, maar dan moet je wel rustig blijven. Je mag van de artsen niet te veel stressen nog."

Ik doe wat hij zegt en kijk ongeduldig van het ene naar het andere gezicht in de ruimte.

"Val, James heeft je verkracht en mishandeld", gooit Veerle eruit. Geschokt kijk ik haar aan. Ik zie in haar ogen dat ze niet liegt. De rest kijkt naar beneden of weg.

"Wat?"
Juul kijkt me weer aan. "Omstanders troffen je niet alleen
bewusteloos aan Val. Je zat onder de blauwe plekken en je
hebt allemaal rode schrammen. De nooddiensten hebben naast
de ambulance ook de politie gestuurd. Eenmaal aangekomen
heeft de politie je spullen doorzocht. Toen ze je telefoon
openden om te kijken of je 'in case of emergency' informatie
had opgeslagen, zagen ze dat die app die je gebruikt om voice
memos op te nemen voor je boek, aanstond en aan het
opnemen was. Al gedurende 4 uur."
"Ze hebben de opname alleen stopgezet, maar ze vermoedden
dat je die met een reden had aangezet. Ze wilden je privacy
niet schenden dus ze hebben het niet beluisterd", vult Veerle
aan.
"Maar daar hadden wij schijt aan", pakt Juul het woord weer
over.
"Het eerste kwartier waren inderdaad aantekeningen over je
boek. Daarna hoorden we dat James thuis kwam", vertelt ze.

De kamer wordt ineens heel klein. Ik zie vlekjes voor mijn
ogen en als ik ze weg probeer te knipperen, flitsen er
herinneringen voorbij. Ik die blij is als James thuiskomt.
James die op de bank staat. Een riem die voor mijn gezicht
zwiept. Met angst kijk ik Juul aan.
Mijn vrije hand gaat naar mijn gezicht en voelt aan mijn oog.
"Heb ik een blauw oog?", vraag ik. "En hoe weten jullie zeker
dat ik verkracht ben?", vraag ik vol ongeloof. Je kunt toch niet
verkracht worden door je verloofde.
"De opname was redelijk.. sprekend", zegt mama. Ik kijk haar
aan. Nu pas zie ik de emotie in haar uitdrukking. Walging,
verdriet, boosheid, het schiet allemaal voorbij. "Het was reden

genoeg om de artsen te vragen om een zedenonderzoek", zegt
ze met vaste stem.
"Hier", zegt ze terwijl ze de koffie uit mijn hand pakt en me
een spiegel aanreikt.

Mijn adem stokt in mijn keel. Onder mijn rechteroog zit een
gigantische blauwe plek die mijn oog een beetje dicht duwt.
Mijn onderlip is rood en verdikt, maar wat mijn blik vangt en
mijn adem doet stokken zijn de rode striemen op mijn hals.
Voorzichtig haal ik mijn hand uit die van Juul en voel met
mijn vingertoppen voorzichtig aan mijn hals. Ik his van de
pijn. De gestriemde huid voelt ruw onder mijn vingers.

Opeens begint de ruimte te verdwijnen voor mijn ogen en sta
ik in mijn eigen woonkamer tegenover een James die net van
de bank af is gesprongen. Hij staat enkele meters van me
vandaan. Zijn rug is naar me toegekeerd, maar ik zie aan zijn
houding dat hij boos is, nee, ziedend.

"Wil je dood? Want als je niet doet wat ik zeg, is dat wat je
me vraagt."
"Ik kan niet anders dan gehoorzamen als je me het zo vraagt,
lief."

James draait zich abrupt om en drie boze stappen worden in
mijn richting gezet.
Van schrik probeer ik te bewegen, maar mijn voeten zijn
vastgelijmd aan de vloer. Hij staat nu iets meer dan een meter
van me vandaan. "TE DICHTBIJ!!!!!", schreeuwt een stem in
mijn hoofd.

Ik knijp mijn ogen samen terwijl ik probeer de tornado die
door mijn hoofd raast te bedwingen, maar het natuurgeweld is
me de baas.
Ik voel dat ik nog op mijn benen sta, maar mentaal word ik op
mijn knieën gedwongen. Alles verdwijnt, inclusief mijn grip
op de wereld om me heen.
Angstig zoeken mijn ogen naar die van James, op zoek naar
veiligheid. Ik smeek hem met mijn hart om me aan te kijken.
Plots vinden zijn ogen de mijne, en kijk ik hem recht aan. Ik
voel mijn adem haperen nog voordat ik het hoor. Ik zie hem
niet meer.
Ik kijk hem aan, maar ik zie hem niet meer.
Zijn lichaam staat voor me, volgens de wetten van de natuur
zou James voor me moeten staan. Maar hoe kan hij het zijn,
als hij me niet herkent??!
Hoe kan HIJ het zijn, als degene die voor me staat me met
mijn leven bedreigt? Dit is niet mogelijk, dit is niet mogelijk.
"Zeg me alsjeblieft dat je me voor de gek houdt", vraag ik
mijn lieve lieve James.
Zijn hand schiet naar mijn keel.

Mijn James, mijn altijd zo'n lieve James. Mijn rots.

Mijn brein kan niet verwerken wat er gebeurt. Plotseling word
ik overvallen door een stekende hoofdpijn. Ik wil het
uitschreeuwen van de pijn maar er komt geen geluid uit mijn
keel. Ik voel James' grip op mijn keel verstrakken.
Door mijn opwellende tranen heen kijk ik hem aan, en zijn
gezichtsuitdrukking straalt tegelijkertijd walging en lust uit
terwijl hij me van boven naar beneden bekijkt. Een koude

rilling besluipt me, kruipt vanuit mijn voeten omhoog langs
mijn ruggengraat en laat mijn nekharen overeind staan.
Hij kleedt me uit met die blik, en opeens voel ik me
aangerand door mijn verloofde.
Een nieuwe angst besluipt me.

Ik probeer zonder dat hij het ziet iets te bewegen. Mijn tenen
wiebelen niet.
Ik voel mijn lichaam niet meer. Ik probeer een neutrale
uitdrukking op mijn gezicht te houden terwijl de paniek me
vanbinnen overmeestert.
Hij lijkt te zien dat hij me overmeesterd heeft en zijn houding
verandert van boos naar ontspannen. Soepel als een jaguar die
op kill-afstand is van zijn prooi, gaat zijn hand naar zijn kruis,
en wrijft kreunend over zijn pik.
Ik zie de erectie door zijn broek heen. Terwijl hij met zijn
linkerhand over zijn broek over zijn erectie wrijft, laat zijn
rechterhand de spanning om mijn keel langzaamaan steeds
losser.
Als hij voelt dat ik niet beweeg, laat hij zijn hand zakken en
maakt riem om zijn broek los. Ik kan niet wegkijken van zijn
handen.
Zijn linkerhand knijpt in zijn erectie terwijl hij met zijn
rechterhand aan het leren uiteinde van de riem trekt. Het
metaal maakt een klinkend geluid wanneer hij de riem uit de
houdgreep van de gesp trekt, waarna hij vervolgens in een
soepele beweging het gesp-uiteinde vastpakt en de riem met
geweld uit de riemlussen van zijn spijkerbroek trekt.
Ik knipper met mijn ogen wanneer in diezelfde beweging het
leren uiteinde van de riem voor mijn gezicht zwiept, maar
bewegen doet de rest van mijn lichaam nog niet.

Hij gooit de riem op me, die vervolgens langs mijn verstijfde
lichaam naar beneden glijdt en op de grond valt.
"WAT DOE JE!", schreeuwt James boos naar me. Ik kijk van
de riem op de grond omhoog naar James. "N-n-niks", weet ik
er hakkelig uit te persen.
"Ik gooi die riem toch naar je! En wat doe jij, JIJ VANGT M
NIET!!"
Hoe had ik moeten weten dat ik die riem moest vangen? Ik
voel mijn ogen prikken van opwellende tranen.
"PAK DIE RIEM OP, VALERIA."
Snel duiken mijn handen naar beneden om zijn riem op te
pakken voor hij weer iets naar me kan schreeuwen.
"Goed zo lief." "Zie je, je kunt het wel."
Ik kijk hem hoopvol aan wanneer hij me 'lief' noemt. Komt
mijn James weer terug? Met trillende handen probeer ik de
riem stil te houden.
"Doe die riem om je nek", zegt James terwijl hij naar me
glimlacht. Ik verdrink in die lach. "Zie je, hij komt wel
terug!", hoor ik een stem in mijn hoofd zeggen.
Ik focus op zijn gezicht, op zijn mond, die nu niet meer
schreeuwt maar diens lippen in een glimlach gekruld zijn.

"Doe m om je nek", zeggen ze.

"Val!", schreeuwt Juul in mijn oor. Geschrokken kijk ik in
haar richting. "Val, wat zag je?", vraagt ze.
"Had je een flashback lieverd?", vraagt mama.

Ik kijk ze aan. Mijn lichaam wordt loodzwaar, en tegelijkertijd
heb ik me nog nooit zo leeg gevoeld. Mijn ogen prikken van
tranen die opwellen maar niet willen stromen.

"Ik wil alleen zijn", weet ik eruit te persen. Juul's lippen
bewegen. "Maar Val wat-"
"ERUIT!!" onderbreek ik haar vraag. "Kom", zegt mijn vader
terwijl hij een arm om Sem heen slaat. Hij kijkt de rest aan.
"Geef haar even een moment alleen", is alles wat hij zegt
terwijl hij Sem naar buiten begeleidt.
Iedereen verlaat schoorvoetend de ruimte en Veerle sluit de
deur achter zich.

Ik sleep mezelf het bed uit en zie dat ik een onbekende japon
draag. Ik schuif mijn voeten in de slippers die naast mijn bed
staan en vind rode plekken op mijn enkel die qua vorm
verdacht veel lijken op het uiteinde van een riem. Ik pak mijn
infuuskarretje mee een waggel voorzichtig naar het raam.
Een onzichtbare riem is steeds strakker rondom mijn borst
gaan zitten. Ongeloof stroomt door mijn zijn.
Dit is niet mogelijk. En toch zegt al het bewijs iets anders. De
blauwe plekken. De striemen. Zelfs de pijn tussen mijn benen.
Maar niks, en dan ook niks, doet zoveel pijn als de
onzichtbare riem om mijn borst.
Ik grijp met mijn hand in de stof voor mijn hart en laat een
geluidsloze schreeuw van pijn vrij.
Realisatie kickt in. Dit is echt gebeurd. Ik ben James kwijt.
Ik ben niet eens boos. Sterker nog, ik hoop dat hij elk moment
binnen kan komen en vertelt dat deze nachtmerrie gewoon een
slechte grap is. Ik wil zijn gezicht vasthouden en horen dat
alles goed komt.

Ik laat mezelf in elkaar zakken op de vensterbank en staar
naar buiten. Ik probeer niks te voelen. Alles beter dan dit. Dit
kan gewoon niet echt zijn.

Een beeld van een film flits voorbij. In die film ligt de
hoofdpersoon al een maand op de bank te huilen en ijs te eten
na een heftige break-up.
Terwijl ik kijk naar hoe een blaadje weg wordt geblazen in de
wind besef ik me nu dat de filmmakers dit gevoel probeerden
te vangen. Een nieuwe golf van paniek trekt door mijn
lichaam. Een maand!!? Me een maand zo voelen!?

Nee. Vastberadenheid waarvan ik geen idee heb waar die
vandaan komt, begint me te vervullen met warmte. "Ik ga me
geen dag langer voelen zoals ik me nu voel", zeg ik tegen
mezelf terwijl ik terug naar bed wandel.
Ik ga in bed liggen en nog een uurtje slapen, besluit ik.
Vandaag is vandaag. Vandaag voel ik me zo. Dat mag.
Maar no way in hell, dat ik me nog een dag langer precies zo
voel. Al duurt het maanden, jaren, voordat ik er bovenop kom.
Al kost het me een godsvermogen aan therapie.
Ik ga hier uit komen.
Mijn gedachten schieten naar mijn plannen om voor mezelf te
beginnen. Die kan ik voorlopig wel van de baan schuiven.
"Ga anders terug naar je oude werk", hoor ik mezelf denken
in de stem van mijn moeder..
Ik sluit mijn ogen.
"Nee", zeg ik tegen niemand in de ruimte. Ik ben al begonnen
aan mijn eigen pad vinden. Dat ga ik nu niet opgeven, hoe
moeilijk het ook gaat zijn. Desnoods verkoop ik al mijn
spullen.
"Ik weet nog niet hoe we het gaan doen", begin ik tegen
mezelf te zeggen terwijl ik naar mezelf kijk in mama's
spiegeltje. Tranen lopen over mijn wangen, verdriet staat op

mijn gezicht gegrift. Ik kijk mezelf nu recht aan, mijn ogen
staan zacht maar vastberaden.
"Ik weet niet hoe", begin ik weer tegen mezelf.
"Maar ik ga mijn eigen pad op. Whatever it takes."

Verder lezen, luisteren

♫ What was I made for - Billie Eilish

Volg de auteur:

Sharon Eckringa

Instagram: @sharon.eckringa

Duik dieper in de wereld van Valeria

YouTube: @GoodGirlValeria

Instagram: @goodgirlvaleria

Over intuïtief eten & leven:

Jen Baswick

Instagram: @the.intuitive.nutritionist

Podcast: intuitively you

Over holistische psychologie:

Dr. Nicole LePera

Instagram:@the.holistic.psychologist

Boek: how to be the love you seek

Over een succesvolle vrouw zijn in een mannenwereld:

Sarah Perl

Podcast: The Priestess Perspective

Instagram: @hothighpriestess

Over een wijs, oosters perspectief op het leven:

Noah Reshedda

Podcast: Secular Buddhism

Dankwoord

Pien de Boer en **Adrian van Huet**. Mijn zuipmaatjes? Mijn beste vrienden? Mijn surrogaat familie?
Hoeveel mensen blijven kalm wanneer hun vriendin aanklopt met de hulpdiensten aan de lijn omdat ze haar huis uit moest vluchten voor haar psychotische verloofde?
Als relaties een reflectie zijn van onszelf, hoe gul ben ik dan wel niet? Wat voor liefdevol, non-judgemental, intelligent, emotioneel volwassen, rots in de branding, *abundant* persoon ben ik dan wel niet?

Mijn ouders.
"Het mooiste wat je iemand kunt geven, is leven", is een gezegde dat ik nu pas begin met echt te geloven. Bedankt, lieve mama, lieve papa, geen woorden kunnen uitdrukken hoe dankbaar ik ben voor dit leven dat jullie me gegeven hebben. Als ik jullie om 1 ding mocht vragen,
laat mijn succes voelen dan voelen als jullie succes.

Mijn 'zussen' **Julia Brake** en **Famke Roest**, die mijn handen vasthielden toen ik mezelf kwijt was, en wiens geloof in mij soms het laatste was wat me op de been hield wanneer ik het zelf niet meer kon vinden.

Ik vroeg het universum om een mentor met de skills om mijn crazy op het juiste spoor te duwen, en ze schonk me **Sarah V**. Een ontmoeting die 100% meant to be was.

Hanneke S., er zijn weinig mensen van wie ik het zou
tolereren dat ze me mid-verhaal onderbreken, maar als jij het
doet, zal ik altijd luisteren.

Jojanneke R., "On the shoulders of giants" kreeg een andere
betekenis toen ik jou leerde kennen. Ze zeggen dat er 2
cruciale dagen in je leven zijn: de dag dat je wordt geboren,
en de dag dat je uitvindt waarom. Voor de een bedank ik mijn
ouders, voor de ander bedank ik jou.

Femke Bangma, **Rosanne Wijgman** en **Evi Sijben**, omdat
jullie begrijpen dat de waarheid het mooist is als die naakt is.

Eline Peeters en **Milan van Stiphout**. Een van de weinige
mensen die mij altijd Shamoney mogen noemen. Een van de
eerste mensen met wie ik mijn ware dromen durfde te delen.
Een van de laatste mensen die hoeven te betalen voor een
optreden, omdat hun energie *by far* meer waard is dan het
geld.

De meiden van de Bijleveld, **Roos**, **Mihi** en **Lisa**. De leiders
van morgen, al hebben ze dat zelf misschien nog niet eens
door. To wine & cigarettes <3

Willy, omdat je me mijn eigen kracht hebt laten
herontdekken.

Sharon Eckringa. Welke gek zet zichzelf in het dankwoord?
Misschien iemand, die begrijpt dat de kwaliteit van de
ontvanger net zo belangrijk is als de kwaliteit van de zender.

Misschien iemand, die begrijpt hoeveel moed het van je
vraagt om je hart open te breken en je ziel op tafel te leggen.
Misschien iemand, die gewoon eindelijk schijt heeft aan wat
de rest van de wereld van haar denkt, omdat ze ein-de-lijk een
onvoorwaardelijk, onwrikbaar vertrouwen heeft gekregen in
zichzelf.